JN395958

대한민국
기술 총서

변해버린 지구에서 어떻게 살아가야 하는가

기후 붕괴
대한민국

황덕현 지음

CLIMATE
BREAKDOWN

빌리버튼

—— 추천사 ——

남재철
서울대 특임교수, 前 기상청장

기후 변화는 더 이상 환경만의 문제가 아니라 농업·식량과 경제, 더 나아가 사회와 문화 전반을 뒤흔드는 전 지구적 위기로 다가오고 있다. 폭염과 가뭄, 극한 호우는 우리의 의식주를 위협하는 동시에 산업과 공동체의 지속 가능성을 흔들고 있다. 하지만 우리는 여전히 이 거대한 문제의 절박함을 체감하지 못한 채 대응을 늦추고 있다. 이 책은 그 위기의 실체를 직시하게 하면서도 두려움에 머무르지 않고 행동의 길을 모색하도록 이끈다. 과학적 분석과 현장의 목소리를 바탕으로 기후가 흔드는 삶의 전 영역을 짚어내며, 우리가 무엇을 준비하고 선택해야 하는지 분명하게 제시한다. 오늘을 넘어 내일을 지키기 위한 희망의 실마리를 찾는 모두에게 이 책이 손안의 나침반이 되기를 바란다.

최재철
기후변화센터 이사장, 前 기후변화대사

지난 2세기 동안 인간은 화석 연료에 의존한 문명의 발전을 추구해 왔다. 인간의 끝없는 개발 욕구를 충족시켜 주리라 믿었던 '어머니 지구'가 더 빠른 주기로 위기 신호를 보내고 있다. 2025년 7월 23일, 세계 최고의 법원인 국제사법재판소[ICJ]는 기후 변화가 시급한 실체적 생존 문제라는 입장을 밝혔다. 여러 유형의 기후 환경 문제를 폭넓은 시각에서 다루어 온 저자는 기후 변화 문제가 왜 생기게 되었고 어떻게 인간의 삶을 위기로 몰아가고 있는지를 알기 쉽게 설명한다.

저자는 기후 변화 현상과 위기 상황을 단순히 설명하는 데 그치지 않고 지속 가능한 희망의 내일로 나가기 위한 여러 방안을 제시하면서 모든 국가, 모든 기후 행동 주체들이 손을 맞잡아야 한다고 설파한다. 지난 1월 출범한 미국 트럼프 제2기 정부의 파리 기후 협정 탈퇴로 인해 기후 위기 대응을 위한 글로벌 파트너십이 위기에 처한 상황에서 저자가 던지는 희망의 메시지가 우리 모두에게 울려 퍼지기를 기대하면서 이 책을 강력히 추천한다.

김상협
글로벌녹색성장연구소 사무총장,
前 대통령 직속 2050 탄소중립녹색성장위원회 민간위원장

하늘이 무너질까 걱정하는 마음을 일컬어 '기우杞憂'라 부릅니다. 여기엔 실제로는 일어나지 않을 일에 괜한 걱정을 한다는 조롱도 담겨 있지요. 또 우리는 이렇게 말하며 위안을 삼아왔습니다.

"하늘이 무너져도 솟아날 구멍은 있다."

그렇다면, 기후가 무너진다면 어떨까요? 솟아날 구멍은 정말 있을까요?

대한민국 대표 기후환경전문기자 황덕현은 '기후 붕괴Climate Breakdown'가 다가오는 현실을 과학적 근거와 풍부한 현장 취재로 생생하게 경고합니다. 구테흐스 UN 사무총장도 말했습니다.

"이대로 간다면 우리는 지옥문Gates of Hell을 스스로 열게 될 것이다."

이 책은 무엇보다도 정치인과 정책결정자들부터 먼저 읽고 새겨야 할 책입니다. 또한 국민 역시 함께 읽고 책임을 묻고 행동을 이끌어 내야 합니다. 구테흐스 사무총장이 말한 미래를 피하고자 한다면 말입니다.

송영일
한국기후변화학회장

전 세계 곳곳에서 벌어지고 있는 기후 변화는 이제 단순한 환경 문제가 아니라, 자연 생태계는 물론 사회와 경제 전반에까지 연쇄적으로 영향을 미치고, 그 결과 인명 피해와 재산 손실을 낳고 있다. 2025년이 시작되고 7개월이 지난 지금까지, 우리는 거의 날마다 유례없는 기상 이변을 겪고 있다. 대규모 산불, 극심한 가뭄, 상상도 못한 홍수, 기록적인 폭염까지, 기상관측 이래 100년 넘게 경험하지 못한 일들이 반복되고 있다. 이런 상황은 우리가 이미 기후 위기의 한복판에 있다는 걸 보여주고 있고, 이제는 그에 걸맞은 대응과 행동이 절실하다는 걸 일깨워준다.

이 책은 그런 시대적인 배경과 깊이 연결되어 있다. 단순한 기후 정보 나열이 아니라, 지금 우리가 겪고 있는 변화의 원인과 과정, 그리고 무엇을 어떻게 해야 할지를 과학적인 근거를 바탕으로 명쾌하게 설명하고 있다. 전문적인 내용을 다루고 있지만 어렵게 느껴지지 않도록 구성되어 있어서, 기후 문제에 관심 있는 일반 독자들에게도 충분히 이해할 수 있는 형태로 다가온다.

기후 위기가 더 이상 뉴스 속 한 장면이 아닌 내 삶의 문제가 되어버린 지금, 기후 변화에 대한 정확한 이해는 더는 미룰 수 없는 과제가 됐다. 이 책은 단지 읽는 데서 그치지 않고, 읽고 나면 '지금 당장 나부터 뭘 할 수 있을까'를 고민하게 만드는 힘이 있다. 기후 위기에 대한 막연한 불안 대신, 행동으로 옮길 수 있는 첫걸음을 찾고 있다면, 이 책이 좋은 시작점이 되어줄 거라 확신한다.

이미경
환경재단 대표

아침마다 기후 환경 뉴스 클리핑을 9년째 해오고 있다. 그런데 어느 날부터인가 검색창에 '황덕현'을 먼저 찾게 되었다. 항상 남다른 환경 뉴스와, 현장에 다녀온 기자만이 할 수 있는 생생한 증언 때문이다. 이제 책으로 만난 '황덕현'은 기후 재난의 방아쇠와 표적을 적확하게 안내하고 있다. 이 광폭한 더위에 불안한 독자들에게 한 줄기 청명한 바람 같은 희망을 주는 책, 널리 읽히면 좋겠다.

김석훈
배우, 유엔환경계획·환경부 '세계 환경의 날' 홍보대사

폭염, 폭우, 기상 이변, 기후 위기……. 하루에도 몇 번씩 듣는 말이다. '예쁘다, 멋있다, 잘했다'처럼 듣기 좋은 말도 자주 들으면 지겨워 지는데, '큰일이다. 힘들다, 조심하라'는 말을 자주 듣는 것은 괴로운 일이다.

이런 이야기가 곧잘 들리는 것을 보면, 예전보다 기후에 대한 관심 이 뜨거운 듯하다. 실제로 온 나라가 변화된 기후로 인해 몸살을 앓 는 중이라 해도 과언이 아니다.

그렇기에 기후 위기에 대한 올바른 정보와 예측 그리고 일상생활 에서의 대비 방법을 정확하게 알려줘야 하는 시대가 왔다. 이러한 내 용을 전문적으로 보도하는 기후환경전문기자의 탄생은 그만큼 기후 위기의 시대가 도래했다는 방증이므로 마냥 반가워할 수는 없지만, 이제는 정치, 경제, 외교, 문화보다도 더 중요한 정보를 다루고 있기 에 그들의 취재와 글은 대중에게 중요한 존재가 됐다.

그런 의미에서 황덕현 기자의 글은 무척 신뢰가 간다. 냉철한 현실 분석과 다가올 미래에 대한 예측을 대중에게 전하는 것은 기후환경 전문기자로서의 덕목이다. 그래서 그의 글에서는 그런 믿음이 느껴 진다.

—— 머리말 ——

기후 붕괴의 미래,
그럼에도 희망이 있다는 믿음

기후 문제는 더 이상 먼 미래의 재난 시나리오가 아닙니다. 이미 우리 곁에 와 있는, 지금 이 순간에도 진행 중인 현실입니다. 그렇다면 우리는 이 세상에서 어떤 선택을 하고, 어떤 삶을 살아가야 할까요.

어릴 적 책을 읽고, 음악을 들으며 생각에 생각의 꼬리를 무는 일이 많았습니다. 대다수가 공상이었으나 '어떻게 살아야 하는가' 같은 추상적인 질문도 있었지요. 세상이 왜 이렇게 흘러가는지, 사람과 자연은 어떻게 연결되어 있는지 궁금해하던 때도 그즈음입니다.

음악으로도 환경을 말한 가수 신해철 씨가 만든 「내일은 늦으리」 시리즈나 우주적 관점에서, 티끌만한 지구에서도 조화하지 못하는 인류가 '그럼에도 어떻게 살아야 하는가'를 묻는 칼 세이건의 『콘택트』, 전통적 삶과 현대 문명의 불균형을 짚은 헬레나 노르베리 호지의 기후 고전 『오래된 미래』는 인간과 우주, 지구의 존재와 환경에 대해 깊은 질문을 던지게 만들었죠.

그렇게 쌓여온 질문들은 단순한 사유에 머물지 않고, 제 삶의 선택과 시선을 바꾸는 계기가 됐습니다. 지금의 제가 있기까지, 그 호기심이 오랜 시간 저를 이끌어 왔던 셈이지요.

그러고 보니 지금의 저를 만든 것이 하나 더 있습니다. 바로 경험입니다. 지금은 수도권에 살지만, 어릴 적 저는 촌동네이던 여수에서 자랐습니다. 서로 다른 속도로 성장한 지역에서 살아온 기억은 저만의 기후 감수성을 쌓는 데 큰 역할을 했습니다. 부모님이 맞벌이를 하던 시절, 외할머니댁에서 보냈던 수많은 시간도 지금의 저를 만들었습니다. 여름이면 타이머를 돌려서 선풍기 바람을 아껴 쓰고, 얼음물 담은 병을 안고 잠들던 날들이 선명합니다. 전기 요금이 더 나왔다며 걱정하시던 할머니의 표정도 생각납니다. 당시에는 에너지 절약이 특별한 실천이 아니라, 일상을 유지하기 위한 자연스러운 선택이었지요.

그러나 책 속 사유와 생활 속 경험이 겹쳐지며, 기후 문제를 나와 멀지 않은 현실로 인식하게 된 것 같습니다. 그 시절의 절제와 검소함은 생존의 방식이었지만, 지금 와서 돌아보면 에너지 소비를 줄이고 탄소 배출을 억제하던 삶의 흔적이기도 했어요. 그러한 삶의 기억이, 오늘날 기후 위기를 대면하며 이 책을 정리해낼 수 있는 실마리가 되어주었고, 나아갈 힘이 되어주었습니다.

그렇다고 이 책이 어떤 행동을 하자고 강요하거나, 당장 뭔가를 바꾸자는 선언을 하는 글은 아닙니다. 기후 문제를 둘러싼 사실들을 있는 그대로 마주하고, 여러분 스스로 '나는 어떤 위치에 있을까', '나는 무엇을 할 수 있을까'를 생각해볼 수 있었으면 좋겠다는 마음을 담았습니다. 무언가를 해내지 않아도 괜찮습니다. 그저 이 책이 기후에 대한 고민의 출발점만 되어도 충분하다고 생각합니다.

이 책에서 다루는 기후 변화는 단순한 환경 문제만은 아닙니다. 산업화 이후 인간의 활동으로 심화된 지구 온난화는 사회 전반에 영향을 주고 있으며, 이미 많은 과학자들이 기후 변화가 아닌 '기후 붕괴'라는 표현을 쓰고 있을 정도로 임계점을 넘어서고 있어요. 안토니우 구테흐스 UN 사무총장이 '지구 온난화' 시대 종언을 외치고, '지구 열대화'를 언급하는 이유입니다.

열대화라는 말에 걸맞게 대기 중 온실가스 농도의 증가는 북극 해빙의 급감, 해수면 상승, 극한 기상현상 증가로 이어지고 있습니다. 먼 극지의 문제는 머지않아 서울의 한강변, 부산 해운대, 인천 송도 같은 도시들의 거주 안정성에도 영향을 줄 수 있습니다. 살아갈 터전을 잃을 위험에 처한 것은 북극곰만이 아닙니다.

게다가 이런 기후 재난은 모두에게 똑같이 다가오지 않아요. 사회적 약자와 저소득층, 늘어가는 노인, 이주민, 개발도상국 주민들은 더 큰 피해를 겪고 있습니다. 영화 「기생충」에서 폭우가 내리던 밤처럼, 현실의 기후 위기는 불평등하게 작동하기 때문입니다. 소득 상위 10%가 내뿜는 온실가스가 전체의 대부분을 차지하지만 피해는 아래로 내려가는 구조에서 기후 불평등이 점점 더 심화되고 있는 셈입니다.

그럼에도 저는 이 책이 절망보다 관찰에, 명령보다 공감에 가까운 기록으로 읽혔으면 합니다.

당장 우리 개개인이 모두 변화하지 않더라도, 우리는 무엇이 문제인지 정확히 알고 있어야 합니다. 어떤 행동이든 문제를 바로 아는 것에서부터 시작되니까요. 재생 에너지와 에너지 효율화 같은 거대한 개념의 정의를 잘 아는 것도 중요하지만, 무엇보다도 기후 문제를 '나의 일'로 받아들이는 감각 없이는 진전이 어렵습니다.

그 감각은 때로 아주 사소한 기억에서 비롯되곤 합니다. 여름밤 부채를 흔들던 외할머니의 손길, 타이머를 맞춰두면 작은 소리를 내며 돌아가던 선풍기 소리, 얼음물이 담긴 병의 시원한 감촉. 절제와 나눔을 알고 있던 그 시절의 우리는, 어쩌면 이미 '기후 감수성'을 품고 있었는지도 모르겠습니다.

이 책은 그 기억에서 출발해, 지금 우리가 마주한 현실을 들여다보고 함께 미래를 생각해보는 여정입니다. 여기에서는 '기후 붕괴'라는 단어로 현실의 위기를 설명하고 있지만, 사실 그 위기를 어떻게 바라볼 것인가는 각자의 몫일지도 모릅니다. 이미 늦었다며 비관할 수도 있을 겁니다. 하지만 기후환경전문기자로서 오랜 시간 기후 변화를 지켜봐온 저는 지금은 아직 늦지 않았다고 믿습니다. 이 책이 그 믿음을 함께 나누는 계기가 되길 바랍니다.

서울 은평구에서, 황덕현

— 차 례 —

추천사   005

머리말 기후 붕괴의 미래, 그럼에도 희망이 있다는 믿음 011

1부

기후가 바꾼
우리의 삶

기후 변화는 소설 속 이야기가 아니다   023

지구의 기온이 1도 오르면   030

기후 위기의 왜곡된 진실   041

기후와 경제의 연관성   055

기후 변화와 1차 산업   068

꿀벌이 사라지면 일어나는 일   079

아보카도와 기후 변화	087
기후 변화는 우리 몸에 어떻게 남는가	091
기후 때문에 우울증에 걸리는 이들	100

2부

기후와
사회

기후 변화가 헌법을 바꿀 수 있을까	111
기후와 정치의 관계	124
기후 변화와 국제 정치	130
원자력 발전으로 그리는 미래	137
전기차의 빛과 그림자	147
기후 변화와 사회적 불평등	155

기후 난민	162
기후 대응의 최전선에 선 사람들	168
예술이 된 기후 운동	175
환경 보호를 위한 새로운 실천	186

3부

기후를
바로잡기 위한 노력

숲으로 가는 탄소 중립	199
재생 에너지의 모든 것	206
바다 속 숲, 블루카본의 힘	214
기후 변화와 첨단 산업	222
탄소 무게를 계산하는 나라들	228

전통 기술로 기후를 지키다 234

기후와 도시 241

인공지능의 두 얼굴 248

기후기술과 그린워싱 256

탄소 포집 기술의 모든 것 263

CCUS로 여는 한국의 미래 270

맺음말 내일이 아닌 오늘의 마음으로 277

CLIMATE BREAKDOWN

1부

기후가 바꾼
우리의 삶

기후 변화는 소설 속
이야기가 아니다

기후 변화의 정의

기후 변화란 정확히 어떤 의미일까요? 기후와 변화 모두 우리가
잘 아는 단어이지만, 제대로 설명하자니 쉽지만은 않습니다. 그럼 단
어를 하나하나 쪼개어 살펴볼까요?

우선 '기후'란 일반적으로 장기간에 걸쳐 나타나는 해당 지역의 평
균적인 날씨 상태를 말합니다. 흔히 말하는 열대, 아열대, 극지방을
떠올리면 곧바로 생각나는 날씨를 말하는 것이죠.

날씨는 항상 변합니다. 어제 날씨와 오늘 날씨가 달랐고, 내일의 날씨는 또 다를 겁니다. 다만 그 변화는 일정한 폭 안에서 이루어져 왔습니다. 예를 들어 오늘 낮 기온이 30도였다면, 내일의 낮 기온은 아무리 크게 변하더라도 25~35도 사이에 머무르는 것이지요. 그래서 원래대로라면 사실 기후 변화란 너무 당연한 말입니다. 어떤 지역에서의 평균적인 기후 상태는 시간이 지나면서 자연스럽게 변하니까요.

그러나 현재 우리가 말하는 기후 변화는 약간 다른 의미를 가지고 있답니다. 여기에서의 '변화'란 일종의 안정적인 '추세'에서 벗어난다는 의미예요. 유명 가수 '다이나믹 듀오'의 노래 「고백」의 가사에 나오는, '핸들이 고장 난 8톤 트럭'처럼 제멋대로인 셈입니다.

그 말대로, 최근 몇 년간 지구 곳곳에서 전례 없는 날씨가 나타났습니다. 한국을 비롯해 동남아시아, 유럽 등에서 이런 '이상한 날씨'가 나타나고 있지요. 예를 들면, 가깝게는 지난 2018년 한반도의 기록적 폭염이 있었죠. 당시 서울 낮 기온은 39도까지 올라가며 111년 만에 가장 더운 여름으로 기록되었어요.

동남아시아에서도 비슷한 현상이 나타나고 있어요. 태국과 베트남에서는 평소보다 강한 장마가 더 길게 이어졌고, 이로 인해 홍수가 자주 일어나게 되었습니다. 낮 기온이 며칠 동안 40도를 웃돌다가, 홍수가 나서 땅이 잠기는 이상한 날씨가 연일 보도됐습니다. 그렇지 않아도 건기와 우기의 날씨가 크게 달랐던 동남아의 기후가 오락가락해진 겁니다.

유럽 또한 예외는 아닙니다. 2019년 여름, 프랑스의 7월 기온은 무려 46도까지 치솟으며 전국적으로 최고 기온을 갱신했습니다. 이로 인해 체력이 약한 고령자를 중심으로 수백 명이 사망하는 비극이 발생했죠. 유럽 환경청European Environment Agency, EEA의 보고서에 따르면, 유럽 대륙은 2000년 이후 한 번도 쉬지 않고 매년 평균 기온이 상승하고 있습니다. 매년 기온이 올라가기만 할 뿐, 내려오질 않는 것이지요. 이처럼 극단적인 날씨 현상은 기후 변화의 강력한 증거입니다. 그리고 과학자들은 이러한 현상이 점점 잦아질 것으로 예상하고 있습니다. '날씨가 변덕스럽다'는 말로 설명되는 수준을 넘어선 셈입니다.

기후 변화의 주범은 인간이다

기후 변화의 심각성을 이해하는 데 있어 중요한 것은 이러한 현상이 단순한 자연의 순환 과정의 일부가 아니라, 인간의 활동이 주 원인이 되어 일어나는 일이라는 점입니다. '기후 변화에 관한 정부 간 협의체IPCC' 보고서에 따르면, 지구 온난화의 주요 원인은 화석 연료를 태우는 등 인간의 활동이 대기 중 온실가스 농도를 증가시키고 있기 때문이라고 합니다.

어떤 이는 IPCC의 공신력을 의심합니다. 그러나 전 세계 최정상급 기후 과학자들이 모여서 연구한 결과를 믿지 못한다면 무엇을 믿을 수 있을까요? IPCC는 1988년 유엔의 기후 전문 기구인 세계기상기구WMO와 유엔환경계획UNEP에 의해 설립된 전문 기관입니다. 세계에서 가장 권위 있는 학회인 미국 국립과학아카데미와 영국 왕립학회도 IPCC의 분석을 지지한다고 밝혔지요.

이 밖에도 기후 변화가 인간에 의해 일어난다는 증거는 차고 넘칩니다. 그 대표적 증거는 하와이에서 먼저 나왔습니다. 하와이 마우나로아 관측소에서는 1958년부터 대기 중 이산화탄소CO_2 농도를 측정해 왔어요. 이곳에서 측정한 데이터를 보면, 1958년의 대기 중 CO_2 농도는 315ppm이었으나, 2020년에는 그 수치가 417ppm으로 증가했지요. 인간 활동, 특히 화석 연료의 사용으로 이 기간 동안 대기 중 CO_2 농도가 약 32% 증가했음은 자명합니다.

이 데이터가 중요한 증거가 되는 이유는 바로 산업화의 시기 때문입니다. 20세기 중반은 우리나라처럼 제2차 세계 대전 뒤 경제 부흥기를 겪은 많은 나라들이 산업화를 빠르게 진행하면서 에너지 소비량이 급증한 시기였습니다. 이러한 산업화와 경제 성장 과정에서 석탄과 석유, 천연가스 등 화석 연료의 사용이 크게 증가했고, 이는 대기 중 이산화탄소 농도를 급격히 높였습니다. 국제에너지기구IEA는 1970년에서 2010년 사이 세계 에너지 소비량이 2배 이상 증가했고, 이 기간 동안 주요 에너지원은 화석 연료였다고 분석했습니다. 인류의 거침없는 발전이 지구를 열받게 만든 셈입니다.

지구 온난화가 현실임을 보여주는 증거로 극지방의 얼음 감소도 주목할 만한 현상입니다. 미국 항공우주국NASA의 관측 데이터에 의하면, 지난 수십 년간 북극 해빙海氷의 면적이 지속적으로 줄어들고 있습니다. 특히, 1979년부터 2020년까지 북극 해빙의 최소 면적은 약 40% 감소했습니다. 이는 지구 온난화의 직접적인 증거 중 하나로, 북극의 온도 상승은 지구 전체의 평균 온도 상승 속도보다 2배 이상 빠른 상태입니다.

특히 2023년은 지구에게도, 인류에게도 '기념비적인 해'였습니다. 북극 해빙의 여름 면적이 최저를 기록했기 때문입니다. 위성 관측 역사상 가장 낮은 축이었습니다. 또한, 남극의 해빙 면적 역시 지속적으로 줄어들어 과거와 비교했을 때 극단적인 변화를 보였습니다.

눈앞까지 도래한 기후 붕괴의 현실

극지방의 얼음이 줄어들었다는 사실에는 여러 가지 중요한 의미가 있습니다. 우선, 북극의 얼음이 녹으면 태양 복사 에너지를 반사하는 알베도 효과albedo effect를 약화시켜 지구 온난화를 더 가속시킵니다. 이렇게 상승한 온도로 인해 얼음이 녹으면서 드러나는 바다나 육지는 얼음보다 태양 에너지를 더 많이 흡수합니다. 이렇게 되면 북극 지역은 물론, 전 세계적으로 온도가 상승하는 악순환이 일어납니다. 극지방의 기온 상승과 빙하가 녹는 현상이 서로 톱니바퀴처럼 맞물리면서 북극의 온난화가 더 빠른 속도로 진행되는 '북극 증폭'이 일어나는 것입니다.

극지방의 빙하가 줄어드는 현상은 해수면이 상승하는 주요 원인이기도 합니다. 그린란드와 남극의 대륙 빙하가 녹아내리면서 해수면이 상승하고 있으며, 이는 해안 지역의 침수 위험을 높입니다. 부산 해운대구나 인천, 강릉 앞바다처럼 해안에 도시를 건설한 경우나 해안가에 서식하는 동물들의 경우처럼, 수많은 생태계는 물론 우리 인간의 거주지에도 위협을 가할 수 있습니다.

대기 중 이산화탄소량의 증가와 극지방의 얼음이 줄어드는 등 기후가 변화한다는 뚜렷한 과학적 증거는 많습니다. 이런 과학적 사실

을 기반으로 IPCC는 지난 세기 동안 관측된 지구 온난화의 대부분
은 인간의 활동에 의한 온실가스 배출 때문이라고 결론지었어요. 특
히 이산화탄소CO_2는 물론 농·축산업과 쓰레기 매립지 등에서 발생하
는 메탄CH_4, 매연으로 배출되는 이산화질소N_2O 같은 주요 온실가스
의 농도 증가가 원인으로 지목됐습니다.

　내일부터 시작하면 늦습니다. 지금부터는 기후 변화에 대해 제대
로 이해하고 할 수 있는 것을 실행해야 할 때입니다. 왜냐하면 기후
변화의 영향은 단순히 지구의 온도가 올라가고, 날씨가 더 더워지는
것에 그치지 않기 때문입니다. 앞에서 살펴본 해수면 상승은 물론, 폭
우와 그로 인한 홍수, 폭염, 가뭄 등 극단적인 기상 현상이 늘어나고,
생태계가 변화하며 멸종되는 생물이 늘어나는 등 우리가 사는 환경
에 복합적인 영향을 줍니다. 이는 인류뿐만 아니라 지구상의 모든 생
명체에 영향을 미치며, 우리가 이를 외면한다면 미래 세대는 엄청난
대가를 치르게 될 것입니다. 어쩌면 우리 자신부터가 그 영향을 받게
될지도 모르고요.

　기후 변화는 재난 영화나 소설 속의 이야기가 아니라 과학적으로
입증된 현실입니다. 기후 변화를 정확히 인식하고 이에 대응하는 것
은 더 이상 선택이 아닌 필수입니다. 지금이라도 신속하고 결단력 있
는 행동을 취해야 합니다.

지구의 기온이
1도 오르면

내일부터란 말이 통하지 않는 이유

2023년 3월 20일, 전 세계의 시선이 스위스 제네바에 집중되었습니다. 바로 기후 변화에 관한 정부 간 협의체IPCC가 발간하는 제6차 평가보고서의 종합보고서 때문이었죠. 앞서 말했듯 IPCC는 전 세계 약 95개국 출신의 과학자 500여 명이 참여하는 조직으로, 오랜 시간 동안 기후 변화의 실체를 과학적으로 규명해 온 곳입니다.

이곳에서 2014년에 발표한 제5차 종합보고서는 기후 변화가 인류가 조성해 온 생태 환경과 사회 체제에 심각한 위협이 될 수 있다는 메시지를 담고 있었습니다. '앞으로 제대로 대처하지 않으면 큰 문제가 발생할 수 있다'는 경고의 메시지였죠. 약 9년의 시간이 흐른 후, 제6차 종합보고서는 이전의 경고를 확장하면서 2030년까지의 세계 탄소 중립(Net Zero, 온실가스의 배출량을 흡수량으로 상쇄시켜 순배출량을 0으로 만드는 것)을 위한 중간 평가의 시기를 알리는 중요한 문서가 되었습니다. 2015년에 체결된 파리협정에서는 산업화 이전 대비 지구의 온도 상승을 2도 이하로 제한하고, 가능하다면 1.5도 이하로 억제하자는 목표를 세웠습니다. 그리고 이 목표의 달성 여부를 점검하는 것이 바로 6차 종합보고서의 핵심 내용이었습니다.

그러나 2023년 우리가 받아든 결과는 마음이 무거운 '낙제점'이었습니다. 기후 변화의 마지노선으로 여겨지던 평균 기온 1.5도 상승을 2040년 이전에 넘어설 것으로 예측되었기 때문입니다. 이는 그저 예측이 아니라 거의 확실한 결과입니다. 과학적 분석에 따르면, 전 세계적으로 온실가스 배출을 줄이더라도 이러한 기온 상승을 막을 수 없기 때문입니다. 인류가 상상한 최악의 상황보다 더 심각한 현실을 맞이한 것이었지요.

그런데 이러한 사실이 발표된 다음 날 아침, 세상은 유난히 조용했습니다. 여러분은 어떤가요? 잘 기억이 나지 않으시나요? 당시 기후 변화에 대해 취재하는 이른바 '기후 기자'들은 호들갑을 떨며 연이어 기사를 썼습니다. 하지만 그 기사들은 그렇게 많이 '팔리지 않았던 기억'이 납니다. 네이버나 다음, 네이트, 줌 등 대형 포털 사이트 뉴스 메인 화면에도 이 내용을 다룬 기사가 잘 걸리지 않았었지요. 물론 기사의 깊이나 의미, 재미가 부족했다면 기후 문제를 추적하는 기자들의 잘못일 겁니다. 하지만 인류의 미래와 직결된 사안을 다루는 기사가 이렇게까지 사람들의 관심에서 밀려나다니 놀라울 따름이었지요.

대부분의 사람들은 이 발표가 무엇을 의미하는지 제대로 인식하지 못하는 듯했습니다. 일부 기자들은 미래에 대한 해결책 없이는 막연한 불안만 더해질 것이라고 이야기를 나누었지만, 기사에는 그 불안의 감정이 그대로 담겨 있지 않았습니다. 오히려 조금이나마 희망적인 방향을 찾기 위한 노력에 집중하는 분위기였습니다. 막연하게 '안 된다'기 보다 '뭐라도 해야 한다'는 사명감이 담긴 듯했습니다.

IPCC 6차 보고서를 총괄한 뒤 귀국한 이회성 IPCC 당시 의장(현 무탄소연합 회장)도 비슷하게 말했습니다. 그는 기자회견에서 '앞으로 (인류가) 해야 할 일'에 대해 강조했습니다. 또한 기후 변화에 대한 대응의 시급함과 중요성을 강력히 역설했습니다.

"지구 평균 온도가 1℃ 이상 올라간 적은 많았습니다. (그러나) 100년 사이에 1℃ 이상 올라간 적은 없다는 것이 연구자들의 합치된 의견입니다. 속도가 문제인 것입니다."

이 의장의 말은 기후 변화가 이미 우려가 아닌 현실이 되었고, 그 영향이 점점 더 심각해지고 있음을 힘주어 말합니다. 그리고 인류가 즉각적인 행동을 취하지 않으면 더 큰 재앙을 맞이할 수 있다고 경고했습니다.

이회성 의장은 특히 온실가스 배출량을 줄여야 한다고 말합니다. 지금 당장 행동하지 않으면 기후 변화의 부정적 영향이 더욱 가속화될 것이라며, 모든 국가가 탄소 배출을 줄이기 위해 협력해야 한다고 말했지요. 이를 위해 재생 가능한 에너지를 확대하고, 에너지 효율성 향상을 통해 지속 가능한 발전을 추구해야 한다고 강조했습니다.

또한 이 의장은 기후 변화에 적응하는 것도 중요하다고 말했습니다. 이미 기후 변화로 인해 일어나고 있는 위험을 최소화하기 위해 각국이 기후 변화에 적응할 수 있는 방안을 마련해야 한다는 말이었지요. 특히 해수면이 상승하면 가장 먼저 영향을 받을 해안 지역의 재난 방지 대책을 마련해야 한다고 주장하고, 변화하는 기후에 맞추어 농업 시스템을 개선하고 수자원을 관리해야 한다는 점을 강조했습니다. 이는 기후 변화가 지속될 때 가장 큰 문제가 바로 식량 문제와 물 부족 문제이기 때문입니다. 결국 이회성 의장이 한 모든 말은 이렇게 정리할 수 있습니다.

'지금이라도 시작한다면 기후 위기에 대응할 수 있다. 하면 된다.'

기울어진 기후의 균형을 맞춰라

종합보고서에는 기후 붕괴가 일어나고 있다는 과학적인 근거와 분석 외에도, 인류가 현재 상황에 어떻게 적응해야 할지, 그리고 기후 붕괴에 의해 가장 큰 피해를 받을 기후 취약 계층을 어떻게 보호해야 할지에 대한 내용도 담겨 있었습니다.

예를 들어, 보고서에는 선진국에게 기후 위기 대응에 대한 책임을 지게 하는 방안이 제시되어 있습니다. 사실 지구 온난화가 본격적으로 가속화되기 시작한 데에는 이들의 책임이 상대적으로 큽니다. 이들이 선진국이 될 수 있었던 이유는 바로 산업화를 통해 경제 성장을 이루어냈기 때문입니다. 하지만 그들이 성장한 만큼, 지구 온난화의 진행 속도 역시 눈에 띄게 빨라졌지요. 따라서 산업화 이후 오랜 시간 동안 많은 자원을 소비하고 환경을 파괴한 선진국이 개발도상국에 비해 환경 개선과 탄소 감축에 더 많은 노력을 기울여야 하며, 이에 필요한 비용도 더 많이 부담해야 한다는 것입니다. 전 세계 각국의 정부가 국가 예산 체계의 전체적인 구조를 다시 짤 필요가 있다는 뜻이지요.

여기에는 기후 위기에 대응하려면 단순히 환경 보호를 넘어, 경제와 사회, 인프라 전반을 점검하고 종합적인 시각에서 해결책을 찾아야 한다는 뜻이 담겨 있습니다. 각 국가가 정부 예산의 상당 부분을 탄소 중립을 달성하기 위한 재생 에너지 개발, 에너지 효율성 향상, 지속 가능한 교통 및 건축 기술에 투자해야 하며, 동시에 기후 변화 적응을 위한 방재 및 복구 시스템 구축에도 예산을 투입해야 한다는 것입니다.

모든 나라의 국제적인 협력은 물론, 각 국가 내에서도 기후 위기의 피해를 막는 시스템을 개발하려는 노력을 해야 합니다. 세대에 따라서, 부富의 수준에 따라서 기후 문제는 다르게 다가올 수 있으니까요. 봉준호 감독의 영화 「기생충」에서 폭우가 내리자 반지하에 사는 주인공 가족의 집이 가장 먼저 침수되었듯이, 기후 재난도 사회의 가장 낮은 곳부터 들이닥칠 가능성이 높기 때문입니다.

씁쓸한 점은 지구 온난화의 책임이 선진국에게 있듯, 한 국가 내에서 기후 재난에 대한 책임은 대부분 경제적으로 부유한 상위 계층에 있다는 것입니다. IPCC 보고서는 소득 상위 10퍼센트의 가구에서 배출되는 온실가스가 전체 온실가스 배출량의 상당 부분을 차지하는 반면, 하위 50퍼센트의 가구는 온실가스를 그보다 훨씬 적게 배출하고 있다고 밝혔습니다. 결국 IPCC 보고서는 과학적인 증명만으로 선진국과 개발도상국 사이에, 그리고 각 사회 내에 '기후 불평등'이 산재해 있다는 사실을 논리적으로 설명한 셈입니다.

지구 온도가 1도 오르면
한국의 여름은 30일 늘어난다

IPCC 보고서는 앞으로 태어날 세대가 과거 세대보다 훨씬 심각한 기온 변화를 경험할 것이라고 경고합니다. 예를 들어, 2020년에 태어난 아이들은 중년이 되었을 때 최대 4도까지 상승한 기온에서 생활하게 될 것이라고 하죠.

4도라고 하니 작아보이시나요? 그러나 극한의 추위로 지구상의 생명체 대부분이 멸종하고 생태계가 완전히 뒤바뀌었던 빙하기와, 현재 우리가 살고 있는 간빙기의 기온 차이가 약 4~7도 정도입니다. 즉, 4도의 온도차는 우리 개인은 물론 인류 전체의 운명을 바꿔놓을 수 있는 온도차인 것입니다.

멸망이나 생존 같은 극단적인 상황이 아니더라도, 기온이 올라가면 다양한 사회적 문제가 일어납니다. 식중독, 말라리아, 세균성 이질, 장염과 같은 질병의 발병률이 올라갈 뿐만 아니라, 심지어는 가정폭력이나 살인 등의 범죄율과도 직결되지요. 세계보건기구WHO는 기온이 1도 상승할 경우, 기후 변화가 장내 감염률을 5-10% 증가시킬 수 있다고 보고했습니다. 그리고 기온이 2도 상승할 경우, 기후 변화의 영향을 가장 크게 받는 국가인 인도와 파키스탄에서는 치명적인 열파(熱波, 고온의 기단으로 인해 극심한 더위가 일정 기간 지속되는 현상)가 매년 발생할 수 있습니다. 사실상 전 국민이 온열 질환자가 될 수 있는 위험인 겁니다.

지금까지 기온 상승이 우리의 몸에 미치는 영향을 주로 이야기했지만, 사실 기후 변화는 육체적인 질병만 부르는 게 아닙니다. 사회 불안과 우울증, 외상 후 스트레스 장애PTSD 등의 정신 건강 문제를 유발할 수도 있지요. 세계보건기구WHO는 기후 변화로 인해 2030년에서 2050년 사이 매년 약 25만 명의 사람들이 추가로 사망할 것이라고 예측했습니다.

포기하지 않으면 변화가 일어난다

그럼에도 불구하고 IPCC 종합보고서는 절망적인 상황만 강조하진 않았습니다. 기후 위기는 이미 시작됐지만, 앞으로 어떻게 행동하느냐에 따라 상황을 바꿀 수 있다는 점을 분명히 했습니다. 아무것도 하지 않으면 더 나빠질 일만 남아 있지만, 지금부터라도 변화를 만든다면 치명적인 피해를 줄이고 일상을 지킬 수 있다는 뜻이지요.

IPCC는 온실가스 배출과 흡수가 균형을 이루는 넷 제로 상태를 실현하기 위해 재생 에너지의 보급을 확대하고, 탄소 포집 및 저장CCS 기술을 활용해야 한다고 강조했습니다. 또한 우리에게 꼭 필요한 활동에서 배출되기 때문에 감축이 어려운 온실가스 배출량을 상쇄하기 위해, 이산화탄소 제거CDR 기술을 개발해야 한다고도 했습니다.

도시 구조와 인프라 면에서는 직장과 주거지 사이의 거리를 좁히고, 대중교통과 도보, 자전거 이용을 장려하여 탄소 흡수 및 저장 인프라를 구축하는 동시에 공익과 편익을 창출할 수 있는 그린·블루 인프라를 구비하는 것이 필요합니다. 이러한 인프라는 자연의 힘으로 기후 변화에 대한 회복력을 강화할 수 있어요. 예를 들어, 도시의 녹지 공간과 수변 공간을 확대하여 도시 열섬 현상을 완화하고, 홍수 및 가뭄에 대응할 수 있는 능력을 키우는 것처럼 말입니다.

결국 IPCC 종합보고서는 우리 인간들에게 기후 위기 대응을 위해 '당장 행동할 것'을 과학의 이름으로 요구하고 있습니다. 온실가스 배출을 줄이고, 재생 가능 에너지 사용을 확대하며, 에너지 효율성을 높이는 등의 전략을 통해 탄소 중립을 실현해야 한다고 권하고 있습니다. 기후 변화에 대응하는 것이 단순히 환경을 보호하는 차원을 넘어, 우리 인류의 생존과 직결된 문제임을 강조하면서요. 또 그 길을 향해 전 인류가 함께 손잡고 나아가야 한다고 당부합니다. 기후 변화는 국가 간의 경계를 초월한 문제이기 때문에, 모든 국가가 협력해서 지속 가능한 미래를 만들어 나가야 하는 것이죠.

이쯤 되니 미국 음악 프로듀서 퀸시 존스가 주도하여 발매했던 음악 「We Are the World」나 마이클 잭슨의 「Heal the World」가 떠오릅니다. 이 노래들이 아프리카의 기아나 아동권, 인권 등을 노래했다면 지금 우리가 불러야 할 노래는 우리 자신을 포함해 전 지구에 닥친 위험 상황을 해결하기 위한 노래겠죠.

사실 한국에도 환경 문제를 외친 노래가 있었습니다. 대표적으로 1990년대 환경 콘서트에서 신해철이 만들고 당대 톱스타가 부른 '내일은 늦으리' 시리즈인데요. 이 노래는 한국 대중음악사에서 환경 문제를 주제로 한 최초의 대형 프로젝트로 평가받습니다. 지구 온난화와 대기 오염, 자연 파괴 등 심각해지던 당대 환경 문제들을 주제로 삼아 청중에게 경각심을 불러일으켰습니다.

30년 전 우리가 환경을 위한 노래를 불렀듯, 기후 문제를 해결하기 위한 노래를 전 인류, 전 계층이 함께 부를 수 있을까요? 모두가 협력하여 기후 변화 문제를 해결해 나갈 때, 우리는 보다 나은 미래를 향해 나아갈 수 있을 것입니다.

기후 위기의
왜곡된 진실

기후 위기를 부정하는 이유

여러분은 어떤 사람을 좋아하시나요? 맛집을 많이 아는 친구나 내 말에 귀를 기울여주는 친구도 좋지만, 저는 감정에 치우치지 않고 차분하게 서로의 의견을 나누며 대화할 수 있는 사람을 좋아합니다. 제 시야가 한정되어 있을 때 새로운 시각을 제시하거나, 잘못된 점을 지적해주는 친구가 있다면 더 나은 사람이 될 수 있을 것이라고 생각하기 때문이지요.

그런데 이따금 기후 변화와 관련한 공부를 하거나, 취재를 하다 보면 기후 변화를 부정하거나 왜곡하려는 이들을 마주하게 됩니다. 과학적인 근거를 토대로 차근차근 설명하려고 해도 대화가 잘 되지 않곤 했습니다. 사실, 이런 경험을 저만 하는 게 아닙니다. 영국 런던에 기반을 둔 기후·에너지 커뮤니케이션 비영리단체인 ECIUEnergy and Climate Intelligence Unit는 20세기에 시작한 '기후 커뮤니케이션'이 여전히 '가짜 뉴스' 취급을 받고 있다고 하소연하기도 했는데요. 다시 말해 사람들이 기후 변화를 음모론 정도로 치부한다는 의미입니다. 또 다른 예시로, 미국의 경우 2024년 발표된 연구에 따르면 성인의 약 15%가 "기후 위기는 사실이 아니다"라고 부정했다고 합니다.

이들은 왜 기후 변화를 믿지 않거나, 새로운 정보를 검토하고 받아들이려 하지 않는 걸까요? 이러한 태도 뒤에는 경제적 이익이나 정치적 목적이 숨어 있는 경우가 많습니다.

예를 들자면 세계 최대의 석유 회사 중 하나인 엑슨 모빌ExxonMobil은 과거 자사의 과학자들이 수행한 기후 변화 연구 결과를 의도적으로 왜곡하거나 공개하지 않아 문제가 되었습니다. 당시 엑슨 모빌은 1970년대부터 자사 과학자들의 연구를 통해 기후 변화의 심각성과 화석 연료 사용이 지구 온난화에 미치는 영향을 이미 인지하고 있었습니다. 하지만 이런 정보를 공개하기보다는 대중과 정책 입안자들

사이에서 불확실성을 조장하는 활동을 후원해 기후 변화에 대한 인식을 왜곡시켰습니다. 하버드대 연구에 따르면, 엑슨 모빌은 과학적 증거와는 반대로 공공의 의견을 조작해 대중이 기후 변화의 위험을 과소평가하게 만드는 데 기여했다고 합니다. 이 사례는 기업이 자신들의 경제적 이익을 위해 공공의 안녕과 지속 가능한 미래를 어떻게 희생시킬 수 있는지를 잘 보여 줍니다.

이런 사례를 보면, 결국 문제는 '돈'입니다. 물론 정말로 기후 재난이 닥친다면, 그때는 비할 데 없이 큰 손실을 입게 될 겁니다. 하지만 지금은 기후 위기에 잃게 될 '경제적 손실'보다는 비용 증가를 우려하는 목소리가 큽니다. 당장 내 주머니에서 나가는 돈이 많아지는 건 아니라지만, 돈을 내야 할 항목들이 늘어나는 것이니까요.

미국 의회 조사 서비스CRS에 따르면, 이러한 기업들은 기후 변화의 심각성을 인정하게 되면 환경 규제가 강화될 것이고 이러한 규제는 결국 지출 증가로 이어질 수 있다는 점을 염려하고 있습니다. 물건 값에 탄소 배출권 가격이 붙고, 기업의 의지와 상관없이 오염을 방지하는 장비를 추가로 사는 등 규제를 지키기 위해 지출해야 할 경비가 늘어날 테니까요. 혹은 기존 설비의 내구연한이 다하기 전에 모든 설비를 친환경으로 바꿔야 할 수도 있지요.

또한 정치적 목적으로 기후 변화 정보를 왜곡하는 경우도 있습니다. 일부 정치인들은 기후 변화를 부정함으로써 특정 유권자층의 지지를 얻거나, 환경 보호와 관련된 정책을 막으려 합니다.

예를 들자면, 미국의 일부 공화당 소속 정치인들은 환경 규제에 큰 타격을 받는 석유 산업과 같은 화석 연료 산업과 밀접한 관계를 유지하고 있습니다. 그래서 이들은 순전히 자신들의 이익을 위해 환경 규제 완화를 지지해 왔지요. 이러한 행동은 기후 변화에 대한 과학적 증거를 부인하고, 국가적 또는 글로벌 차원에서의 실질적인 기후 대응을 지연시킵니다.

도널드 트럼프 미국 대통령은 2017년 파리 기후 협약에서 미국의 탈퇴를 선언했습니다. 그는 이 협약이 미국의 경제적 이익을 해친다고 주장하면서, 이 협약이 "미국 노동자들에게 불이익을 주고, 미국의 산업 경쟁력을 저하시킨다"고 말했습니다. 하지만 이 결정은 국제적으로 큰 논란을 일으켰고, 많은 환경 전문가와 정치 지도자들로부터 비판을 받았습니다. 그의 주장과 결정은 정치적 목적으로 기후 변화 과학을 왜곡하고 이용한 사례로 평가받고 있지요. 트럼프 대통령이 이런 태도를 보인 이유는 제조업과 화석 연료 산업을 기반으로 하는 러스트 벨트Rust Belt 지역의 산업 쇠퇴와 일자리 감소 어려움을 자극해 지지를 이끌어 내기 위함입니다. 전 세계의 안전을 지키는 기후 위기 대응이 아니라, '미국 우선주의America First'라는 정치 구호에 집중하겠다는 태도이지요.

물론 이 밖에도 다양한 이유로 인해 기후 변화에 대한 부정적 입장을 고수하거나 정보를 왜곡하는 사례는 많습니다. 그 중 경제적, 정치적 이해관계뿐 아니라 심리적 요인으로 인해 기후 변화 문제의 심각성을 부정하는 경우도 있어요.

심리학적 연구에 따르면, 사람들은 불편한 진실을 외면하고 싶은 경향이 있습니다. 이를 '인지적 불협화cognitive dissonance'라고 부릅니다. 사실 기후 변화는 당장 개개인이 즉각적으로 느낄 수 있는 문제라기보다는 장기적이고 추상적인 문제입니다. 그래서 많은 사람들에게는 이를 부정하거나 회피하는 것이 심리적으로 더 편한 선택일 수 있다는 겁니다.

이는 단순한 가설이 아닙니다. 실제로 미국 예일대와 조지메이슨대 연구진의 2021년 연구에 따르면, 미국 성인의 약 26%는 여전히 기후 변화의 심각성을 인정하지 않거나 무시하고 있다고 합니다. '기후 변화는 자연적인 순환 현상이다', '과학자들 사이에서도 의견이 엇갈린다', '기후 위기 대응은 경제를 망친다' 등 기후 위기의 심각성과 기후 대응의 효과를 부정하는 주장이 반복적으로 확산되는 것이지요. 이는 잘못된 정보와 정치적 선전이 사람들의 인식에 얼마나 강력한 영향을 미칠 수 있는지 보여주는 수치입니다. 이처럼 기후 변화

부정론은 작은 변수로도 결과가 뒤바뀌는 기후 과학을 이용하여 의도적으로 불확실성을 강조하고, 대중이 기후 변화 대응에 대한 필요성을 회피하게 하는 역할을 하고 있습니다.

기후 변화가 사회 전반에 미치는 영향

기후 변화는 기업과 국가 경제 전반에 걸쳐 막대한 영향을 끼치고 있습니다. 글로벌 기후 리스크 지수Global Climate Risk Index에 따르면, 기후 재해로 인한 경제적 손실은 연간 약 1,950억 달러(약 271조 7,300억 원)에 이르며, 이 수치는 점점 더 증가하고 있습니다.

또한 독일 뮌헨재보험Munich Re이 발표한 자료에 따르면, 2022년에는 전 세계적으로 자연재해로 인한 경제적 피해가 약 2,700억 달러(약 376조 2,500억 원)에 달했습니다. 이렇듯 기후 변화로 인한 경제적 피해는 친환경적이지 않은 활동을 유지하여 얻는 경제적 이익보다 훨씬 큰 부담을 우리 사회에 주고 있습니다.

물론 인류가 기후 변화로 인해 손해만 보고 있는 것은 아닙니다. 기후 변화에 대비하기 위한 기술과 시설, 대체 에너지를 개발하는 기후 대응 과정에서 새로운 기회가 생겨나기도 합니다. 국제 재생 가능 에너지 기구IRENA의 보고서에 따르면, 2030년까지 전 세계적으로 재생 가능 에너지 분야에서 약 4,200만 개의 새로운 일자리가 창출될 것이라 예상됩니다. 이는 석탄을 캐내는 탄광과 같은 화석 연료 산업의 일자리가 감소하는 상황에서 지속 가능한 경제 성장을 도모할 수 있는 중요한 요소입니다.

유럽연합EU은 이러한 변화의 대표적인 예시입니다. EU는 2050년까지 탄소 중립 목표를 달성하기 위해 대규모 재정 투자를 진행하고 있으며, 이를 통해 기후 변화 대응과 경제 성장 사이의 균형을 맞추고 있습니다. 유럽연합의 '유럽 그린 딜European Green Deal' 프로젝트는 약 1조 유로에 달하는 재원을 통해 지속 가능한 경제 전환을 촉진하고 있습니다. 이 프로젝트는 기후 변화 대응이 경제적 손실보다는 새로운 성장의 기회를 가져온다는 사실을 잘 보여줍니다. 이러한 현실은 기후 변화 대응이나 친환경 정책이 경제 성장에 방해가 된다는 기존의 고정관념과는 반대입니다.

또한 국제에너지기구IEA의 자료에 따르면, 전 세계에서 소비되는 에너지의 약 80%가 여전히 화석 연료에 의존하고 있습니다. 이렇게만 보면 인류가 화석 연료를 사용하지 않을 수가 없을 것 같지요? 하지만 이런 수요의 차이는 의외로 재생 가능 에너지의 미래에 희망을 주었습니다. 상대적으로 수요가 적은 재생 에너지의 비용이 지난 10

년간 급격히 떨어졌기 때문이지요. 예를 들어, 태양광 발전에 드는 비용은 2010년 이후 약 90% 가까이 감소했습니다. 덕분에 많은 나라들이 화석 연료 에너지에서, 재생 에너지로 더 빠르게 옮겨가게 되었지요. 이러한 비용 절감은 이제 기후 변화 대응에 적극 나서야 하는 이유가 단순히 우리가 사는 지구와 환경을 지켜야 하기 때문만이 아니라, 경제적으로도 효율적이기 때문임을 증명합니다.

기후 변화 문제는 단순히 환경의 문제가 아닙니다. 기후 변화는 경제적, 사회적, 정치적 분야 모두에 영향을 미치는 중대한 문제입니다. 우리는 기후 변화를 직면하고 이에 대응해야 할 책임이 있습니다. 기후 대응은 단지 지구를 살리기 위해 하는 노력이 아닙니다. 우리 세대가 경제적으로 안정된 삶을 살고, 미래 세대가 번영하기 위해 반드시 해 둬야 하는 필수 과제입니다. 기후 변화는 우리의 미래를 위협하는 현실적 문제입니다. 우리는 이제 더 이상 미룰 수 없는 선택의 기로에 서 있습니다.

미국의 정치가 기후 대응에 미치는 영향

다만 2024년 트럼프 미국 대통령의 재집권은 기후 대응에 있어서는 곤란하다는 평가가 과학계와 산업계 등에서 나온 바 있습니다. 트럼프 대통령은 과거 임기 중 화석 연료 산업을 지지하며 환경 규제를 완화하는 정책을 지속적으로 추진해 왔고, 재선 선거 과정에서도 화석 연료 생산을 강화하겠다고 공공연히 밝혔기 때문입니다. 이처럼 트럼프 대통령의 정책은 화석 연료 생산을 늘리고, 전통 에너지 산업을 보호하는 데 초점이 맞춰져 있습니다.

반면 조 바이든 전 대통령은 임기 내내 미국을 탈탄소 사회로 전환하는 것을 핵심 국정 과제로 삼아왔습니다. 그는 재생 에너지를 확대하고 탄소 중립 산업을 육성하여 기후 위기를 막는 동시에, 새로운 성장 동력과 일자리를 창출하겠다는 방향을 제시했습니다. 이런 정책 기조의 대표적인 결과물이 바로 에너지 가격의 인상을 억제하는 인플레이션 감축법IRA입니다.

바이든 전 대통령이 내세웠던 IRA는 기존의 화석 연료가 아닌 재생 에너지를 늘리고, 탄소 감축 기술에 투자하며 청정 에너지 일자리 창출을 목표로 했습니다. 다시 말해, 지구 온난화와 기후 변화 문제에 대응하고자 탄소 중립 기반의 산업을 키우는 정책이었지요. IRA는 재생 에너지 프로젝트의 세액을 공제해 주거나, 전기차 보조금을 확대하고, 탄소 포집 및 저장 기술에 대한 투자 등 미국의 탄소 배출을 줄이기 위한 포괄적인 전략을 담고 있었습니다. 또한 이 법안은 미국의 에너지 독립성을 강화하고, 청정 에너지 산업을 통해 수백만 개의 일자리를 창출할 것을 목표로 했지요.

하지만 2024년 미국 대통령 선거에서 트럼프 대통령이 재선에 성공하면서, 이러한 기후 대응 목표는 다시금 뒤로 밀려나게 되었습니다. 이미 선거 전부터 트럼프 대통령이 재집권하게 된다면 IRA의 핵심인 청정 에너지 세금 혜택과 보조금, 탄소 저감 투자 등이 축소되거나 폐기될 가능성이 크고, 대신 석유·가스 개발과 석탄 발전 확대에 다시 힘이 실릴 수 있다는 전망이 나왔었지요.

기후 문제에 관심을 가지고 있는 분들은 트럼프 대통령의 재집권에 우려를 품고 계실 겁니다. 아마 저 역시 기후 문제를 집중적으로 취재하는 기후환경전문기자이니, 트럼프 대통령의 집권을 탐탁지 않게 생각하는 것처럼 보일지도 모르겠습니다. 하지만 선거는 기후 문제 외에도 유권자가 먹고사는 문제부터 정당 간 갈등과 조율 등 여러 문제가 겹쳐 있기 때문에, 기자인 저로서는 절대적인 좋고 나쁨을 가리기보다 그저 사실 관계에 집중해서 그의 행보를 지켜보려 합니다. 전 세계적인 추세인 기후 문제 대응에 역행하는 의사결정이나 행동을 하지는 않는지 눈에 불을 켜고 지켜보면서요! 왜냐하면 기후 문제에서는 전 세계가 하나로 엮여 있기에, 한 나라의 반기후적 선택이 국제적으로 부정적 결과를 초래할 수 있기 때문입니다.

정치적 이해관계로 인해 기후 변화에 대한 과학적 이해와 대응이 왜곡된다면, 이는 전 세계의 기후 행동을 방해하고 지구의 미래에 심각한 위협이 될 수 있습니다. 따라서 개인의 이익에 휘둘리지 않는 투명하고 과학적인 데이터에 기반한 정책 결정이 더욱 중요합니다.

친환경 투자가 경제를 살린다

한편 친환경과 기후 변화를 이야기할 때 국민연금 문제도 빼놓을 수 없습니다. 국민연금은 '노후의 보루'로 우리 삶에 큰 영향을 미칩니다. 하지만 그간 국민연금과 기후의 연관성은 잘 알려지지 않았습니다.

국민연금은 지금까지 '적게 모아서 많이 돌려받는 것'을 골자로 운영된 일종의 사회적 재원이었습니다. 적게 모인 돈을 국민에게 많이 돌려주기 위해서는 돈을 불리는 방법을 써야 합니다. 그중 하나가 주식이나 연금 등에 대한 투자입니다. 현재 기후 환경을 중요하게 여기는 진영이 비판하는 부분이 바로 이 부분입니다. 국민연금이 반기후적 성격을 가지고 있는 기업 등에 대해 투자하고 있다는 점을 지적하는 것이지요.

국민연금공단은 2021년 '탈석탄 투자정책'을 발표하며 환경에 민감한 투자를 약속했습니다. 그럼에도 불구하고 여전히 많은 화석 에너지 기업들에 투자하고 있는 탓에 과연 이 정책이 제대로 이행되고 있는지 의문이 듭니다. 2021년 국민연금기금운용위원회가 석탄 채굴 및 발전 산업에 투자하는 비용을 제한하기로 결정했으나, 국민연금은 2020년대 초 기준, 259억 달러를 국내외 에너지 기업에 투자했습니다. 이 중 생산 과정에서 석탄을 주 연료로 삼는 한국전력공사와 포스코, 화석 연료 관련 기업인 SK이노베이션, 한국가스공사, 두산 등 국내 기업들이 상위 투자 리스트에 올랐습니다. 엑슨 모빌, 쉘, 쉐브론, 토탈에너지, BP 등 해외 정유사들에도 상당한 자금이 투자되었습니다.

이처럼 탈석탄 정책과 상반되는 국민연금의 행보는 기후 위기에 민감한 국민들의 우려를 자아내고 있습니다. 실제로, 기후솔루션SFOC과 같은 환경 단체들은 국민연금의 투자 행태를 비판하며, 보다 투명한 정보 공개와 정책 이행을 요구하고 있지요. 이들은 보건복지부 장관을 상대로 정보공개 거부처분 취소소송을 제기하기도 했습니다. 기후변화청년단체GEYK의 김선률 부대표는 국민연금이 '국민 모두가 행복한 상생의 연금'이라는 슬로건과 어긋나는 투자를 계속하고 있다고 지적하며, 석탄 투자 제한 정책의 제대로 된 이행을 촉구하고 있습니다.

국민연금이 실제로 우리의 노후를 어떻게 보장할 수 있을지, 그리고 환경적 책임을 얼마나 진지하게 고민하고 있는지 관심을 가지는 것은 매우 중요합니다. 국민연금의 투자는 단순히 한 기업의 경제 활동이 아니라, 국민의 노후를 담보로 잡고 행하는 선택이라는 점에서 더 큰 우려를 낳고 있습니다.

기후 변화에 대한 대응은 단기적인 이익만 생각하기보다 장기적인 관점에서 고민해야 합니다. 지금의 선택이 장래에 어떤 영향을 줄지 생각하지 않고 눈앞의 수익만 좇다 보면, 결국 기후 위기로 인한 피해 비용이 더 커질 수밖에 없기 때문입니다. 이미 세계 곳곳에서 이상 기후로 인한 피해가 현실이 되고 있습니다. 극단적으로 변해 버린 날씨 때문에 농작물이 잘 자라지 못하고 산업 시설이 피해를 입고 있으며, 이상 기후에 따른 재난과 질병으로 인해 보험금 지출도 늘어나고 있지요.

특히 국민연금과 같은 공공 재정은 수십 년 뒤 국민의 노후를 책임져야 하는 장기 투자기관이기에 모든 세대의 자산을 아울러야 합니다. 아직 태어나지 않은 미래 세대를 포함해 전 국민이 평생 함께 나눠 써야 할 저금을 관리하는 곳인 셈입니다. 단기 수익만을 위해 탄소 집약적 산업에 투자하는 것이 당장은 도움이 되는 것처럼 보일지도 모릅니다. 하지만 그로 인해 기후 위기가 심화되고 환경적인 위험 부담이 커진다면, 경제가 불안정해져 연금 자산의 가치 자체가 곤두박질칠 수도 있습니다. 결국 기후 위기에 대응하기 위한 투자는 미래 세대뿐 아니라 현재 세대의 경제적 안정과 직결된 문제입니다. 지금의 투자 결정은 단순한 경제적 선택이 아니라, 우리 사회가 어떤 미래를 준비해야 할 것인지에 대한 가치 판단이기도 한 것이지요.

기후 변화의 경제적 비용을 측정한 연구에 따르면, 기후 변화로 인한 경제적 손실은 연간 수조 달러에 이를 수 있다고 합니다. 2018년 발표된 한 연구는 2100년까지 인류가 기후 변화로 겪게 될 경제적 손실이 연간 23조 달러(약 3경 2050조 5000억 원)에 이를 수 있다고 경고했습니다. 국민연금과 같은 공공 재정이 기후 변화 대응에 적극적으로 나서야 하는 이유이기도 합니다.

기후와 경제의
연관성

붕괴하는 기후, 무너지는 경제

기후와 경제가 별로 상관 없는 것이라고 생각하는 경우가 많은 것 같습니다. 보통 경제라 하면 흔히 '돈'을 떠올리는데, 기후는 언뜻 생각했을 때 '돈'이 되는 분야는 아니기 때문일까요? 하지만 사실 기후와 경제는 서로 매우 밀접한 관계입니다. 기후 변화는 단순히 환경적 문제에 그치지 않고, 경제 전반에 걸쳐 크고 깊은 영향을 미칩니다. 그리고 이는 기업의 매출이나 주식 시장의 흐름처럼 돈에 관련된 분야뿐 아니라, 여러분의 일상생활과도 직결됩니다. 그렇기에 기후 변화에 대응하지 않으면 그 결과는 경제에 파괴적인 영향을 미칠 수도 있죠. 현재 전 세계 여러 기관과 연구자들이 이 문제의 심각성을 경고하고 있습니다. 이들은 다양한 수치와 분석을 통해 기후 변화가 경제에 미치는 영향을 구체적으로 설명하고 있어요.

먼저 스위스 리 인스티튜트Swiss Re Institute는 지구의 평균 온도가 현재 추세대로 3.2도 상승할 경우, 2050년까지 전 세계 GDP의 최대 18%가 손실될 수 있다고 평가했습니다. 이는 현재의 세계 경제 구조에서 무려 23조 달러(약 3경 2050조 5000억 원) 이상의 손실을 의미하는 수치입니다. 2023년 세계 전체 GDP가 약 105조 달러에 달했던 것을 감안하면, 기후 변화가 주는 경제적 충격은 상상 이상으로 거대합니다. 이해를 돕기 위해 연봉으로 비유하자면, 2,000만 원의 연봉이 갑자기 1,400만 원으로 줄어드는 거나 마찬가지인 셈이니까요. 이런 큰 폭의 변화는 단지 국가 경제뿐만 아니라 개인 생활에도 막대한 영향을 미칩니다. 수많은 일자리를 좌우하고, 나아가 산업 구조를 바꾸어 놓을 수 있는 수치입니다.

또한 2023년, 세계은행은 기후 행동에 38.6억 달러(약 5조 3,789억 1,000만 원)를 지출해야만 기후 변화가 일어나는 동안 빈곤을 없애고, '지속 가능한 행성'을 만들 수 있다고 밝혔습니다. 기후 변화 대응이 끝없이 돈만 먹는 소비적인 행위가 아니라, 장기적인 경제적 이득을 위한 투자라고도 볼 수 있는 것입니다. 세계은행의 자료에 따르면, 실제로 이 정도 규모의 투자가 이루어질 경우 2030년까지 1억 명 이상의 사람들이 빈곤에서 벗어날 수 있다고 합니다.

기후 대응 투자는 재생 에너지, 친환경 건축, 지속 가능한 농업, 전기차 산업 등 새로운 시장과 산업을 성장시켜 수많은 일자리를 창출할 수 있습니다. 국제재생에너지기구IRENA는 2050년까지 전 세계에서 약 1억 개의 청정 에너지 일자리가 만들어질 것이라 전망하고 있습니다. 또한 기후 재해에 대해 대비하고 적응력을 높이는 것은 빈민의 생활을 보호하는 사회적 안전망을 강화해, 미래의 재난 피해 비용을 줄이는 효과도 기대할 수 있습니다.

기후 변화의 경제적 영향력

이처럼 기후 대응에는 실보다 득이 더 많습니다. 그런데도 왜 우리는 합심하여 기후 대응에 적극적으로 나서지 못하는 걸까요? 이는 인간의 심리적 특성 때문입니다. 사람들은 지금 당장 눈앞에서 돈이 나가는 것은 쉽게 인식하지만, 점차 누적되는 손실이나 눈에 보이지 않는 피해는 잘 체감하지 못합니다. 자연 재해 대응 비용이 이렇게 간과되는 것 중 하나이지요. 예를 들어, 당장 집이나 자동차가 파손되면 그 피해를 바로 느끼지만, 반복되는 폭염이나 가뭄, 태풍으로 인해 생산에 차질이 생기거나 공급망이 붕괴되고, 보험료가 오르는 것처럼 사회 전체에 서서히 퍼지는 피해는 우리 눈에 잘 보이지 않습니다.

하지만 잘 보이지 않는다고 해서 더 이상 무시할 수는 없습니다. 경제적 측면에서 볼 때, 기후 변화에 따른 자연재해로 발생한 손실은 눈덩이처럼 커지고 있기 때문이에요. 예를 들어, 세계기상기구WMO에 따르면 지난 10년 동안 극단적인 기상 및 기후 관련 사건으로 인해 거의 1.5조 달러(약 2,090조 2,500억 원)의 경제적 손실이 발생했습니다. 이러한 손실은 농업에서의 수확량 손실, 보험 클레임 증가, 사업 중단 등 다양한 형태로 나타납니다. 특히, 2021년 독일과 벨기에를 포함한 유럽 일부 지역에서 발생한 홍수로 인한 손실액은 자그마치 약 400억 유로(약 64조 원)에 이르렀으며, 이는 지역 경제에 엄청난 타격을 주었습니다.

이와 같이 기후 변화는 경제 성장, 자원 관리, 그리고 국제 시장의 안정성에 중대한 영향을 미칩니다. 극단적인 기후 사건들은 지역 경제뿐만 아니라 국제 공급망에도 악영향을 미칩니다. 일례로 2022년 중국에서 발생한 극심한 가뭄으로 인해 세계 주요 전자기기 제조업체들이 사용하는 반도체 제조에 필요한 물 공급을 제한한 적이 있습니다. 이 사건은 국제 공급망에 큰 지장을 초래한 바 있습니다. 또한, 미국산 와인의 90%를 생산하는 캘리포니아에서 일어난 산불로 인해 와인 생산량이 급감했고, 이로 인해 와인 가격이 최대 30% 상승하기도 했지요.

농업 분야 역시 기후 변화로 인해 직접적인 타격을 받고 있습니다. 앞서 살펴본 대로 기후 변화로 인해 급변하는 날씨 조건은 농업 생산성에 큰 영향을 미칩니다. OECD의 자료에 따르면, 2010년부터 2020년 사이에 전 세계 농업 생산성은 평균적으로 1.3% 감소했습니다. 기후 변화로 인해 극단적으로 비가 오지 않아 가뭄이 들거나, 반대로 전례 없는 폭우가 쏟아지는 바람에 홍수가 나는 등 환경의 영향이 컸기 때문입니다. 유엔 식량농업기구[FAO]는 2050년까지 식량 생산량이 기후 변화로 인해 최대 25% 감소할 수 있다고 경고했습니다. 이렇게 가뭄이나 홍수와 같은 이상 기후로 작물의 생산량에 타격이 가면 식량의 가격이 올라갑니다. 폭등한 가격은 전 세계 식품 시장에 영향을 주어, 결국 우리가 마트나 시장에서 장을 볼 때 마주하게 될 소비자 가격에도 반영됩니다.

실제로 2023년 아시아 쌀 가격이 가뭄과 홍수로 인해 2년 만에 최고 수준으로 급등한 바 있습니다. 영국에서도 폭염이 채소와 과일 수확량을 줄여 구스베리의 가격 지수가 1년 만에 243%나 폭등했지요. 이에 따라 소비자 물가도 함께 상승했는데, 극단적인 기상 상황에 영향을 받는 상품 바구니의 가격은 3년 새 약 40% 상승하기도 했죠. 물론 지금은 당시보다는 가격이 낮아지고 안정화되었으나, 이 사례는 기후 변화에 따라 언제든 물가가 대폭 변할 수 있음을 보여줍니다.

또한, 금융 서비스 분야에서도 기후 변화는 확실한 영향력을 지니고 있습니다. 보험 가입과 보험료에 영향을 미치며, 땅값, 집값과 같은 부동산 가치 역시 달라지죠. 날씨 때문에 보험료가 오르고 집값이 바뀐다니, 믿기 힘드신가요? 하지만 유럽 보험 연합Insurance Europe에 따르면, 기후 변화로 인해 유럽 내 보험사의 보험 청구 건수가 최근 10년 동안 연평균 7% 증가했다고 합니다. 보험사가 지급하는 비용이 늘어나면 보험료는 자연스레 오르게 되고, 이는 결국 우리 소비자들에게 더 큰 경제적 부담이 될 수밖에 없습니다.

부동산 가격도 기후의 영향을 크게 받습니다. 해수면 상승으로 인해 해안가 지역의 부동산 가격이 급격히 떨어지기도 하니까요. 대표적인 해안 도시인 미국 마이애미 지역의 경우, 2021년 이후 일부 해안가 부동산 가격이 10% 이상 하락한 것으로 보고되었습니다.

또한 기후 변화의 영향은 단순히 농작물 가격이나 보험료가 상승하는 것에 그치지 않습니다. 산업 생산성 또한 기후 변화의 영향을 크게 받고 있습니다. 연구에 따르면, 기온이 상승함에 따라 노동 생산성이 저하될 수 있다고 합니다. 특히 외부에서 작업하는 노동자들에게 그 영향이 크지요. 일찍 퇴근하거나 아예 일을 쉬어야 하고, 근무를 계속한다 하더라도 평소보다 혹독한 환경에서는 체력과 집중력이 금방 떨어지니 당연한 일입니다. 미국 환경보호청EPA은 2050년까지 기후 변화로 인해 전 세계적으로 노동 생산성이 최대 20% 감소할 수 있다고 경고했습니다. 이처럼 극단적인 날씨는 제조업, 건설업, 농업 등 여러 분야에서의 생산성을 낮추어 경제 전반에 부정적인 영향을 미칠 수 있어요. 또한, 고온 현상은 냉방으로 전력을 더 많이 쓰게 만들어 전력 공급에 부담을 줍니다. 이는 전기료 인상으로 이어질 수 있지요.

수자원 관리 기후 변화에 주요한 영향을 받습니다. 기후 변화로 인한 극심한 가뭄과, 기존의 통계로는 예측할 수 없는 변덕스러운 강수 패턴이 많은 지역에서 물 부족 문제를 악화시키고 있기 때문입니다. 유엔 세계 물 개발 보고서UN World Water Development Report에 따르면, 2030년까지 전 세계 인구의 절반에 가까운 약 40%의 사람들이 물 부족 문제를 겪을 수 있다고 합니다. 이는 물을 주로 사용하는 농업 및 공업에 영향을 미쳐 전체 경제에 악영향을 줄 수 있지요. 또 물 부족으로 인해 한정된 자원을 차지하려는 국가 간에 분쟁이 일어날 가능성도 높아질 수 있습니다. 물은 산업과 생활에 필수적인 자원이므로, 수자원이 안정적으로 공급된다는 보장이 없다면 경제적 타격은 더욱 심각해질 수밖에 없습니다.

또 기후 변화가 일으키는 건강 문제가 경제에 간접적으로 영향을 미치기도 합니다. 세계보건기구WHO에 따르면, 기후 변화로 인해 2030년부터 2050년까지 연간 25만 명 이상의 추가 사망자가 발생할 수 있다고 합니다. 날씨 때문에 사람이 죽는 것부터가 무서운 일이지만, 이렇게 기후가 우리의 건강과 생존을 위협할 지경이 되면 건강 관리 비용도 함께 늘어나게 됩니다. 극심한 기후 변화가 진행되면 황사, 미세먼지가 늘고 습도와 기온이 올라갑니다. 이는 곧 호흡기 및 심혈관 질환을 유발하고 전염병의 확산을 부추길 수 있습니다. 예를 들어, 높은 기온은 열사병과 같은 급성 질환을 유발합니다. 또 습도가 높아지면 모기가 늘어나는데, 이렇게 되면 말라리아와 같은 모기 매개 질병이 더 널리 퍼질 수 있습니다. 이러한 건강 문제는 또다시 노동력 감소와 생산성 저하를 초래하여 국가 경제에 부담을 가중시키지요.

게다가 기후 변화가 심각한 수준에 이르면, 우리는 더 이상 한반도에서 살지 못할지도 모릅니다. 극단적인 기후 사건으로 인해 거주지를 잃은 사람들이 늘어나면서 기후 난민 문제가 대두되었습니다. 국제이주기구IOM는 2050년까지 약 2억 명에 달하는 사람들이 기후 변화로 인해 이주하게 될 것이라 예측하고 있지요. 이처럼 많은 인구가 특정 지역에 몰려 인구 밀도가 지나치게 늘어나면 도시 인프라에 과부하를 일으키고, 서로 다른 문화권과 배경을 지닌 사람들이 갑작스레 섞이게 되면서 새로운 사회적 갈등을 초래할 수 있습니다. 이러한 문제를 관리하려면 결국 정부는 추가적인 사회적 비용을 지출해야 하지요. 그리고 그 방향에 따라 경제 전반에 부정적인 영향을 미칠 수도 있습니다.

환경을 살리면 경제도 살아난다

에너지 분야에서도 기후 변화는 중요한 역할을 합니다. 전 세계적으로 에너지 체계를 재생 에너지로 바꾸는 일은 필수적이며, 이는 대규모 투자와 기술 혁신을 필요로 합니다. 국제에너지기구IEA에 따르면, 2050년까지 전 세계적으로 재생 가능 에너지에 연간 4조 달러(약 5,566조 원)에 이르는 투자가 진행될 것으로 예상됩니다. 이러한 투자는 전통적인 화석 연료 산업이 점점 축소된다는 뜻이지만, 동시에 재생 에너지와 관련된 새로운 일자리를 창출하고 신기술을 개발할 기회를 만들어낸다는 뜻이기도 합니다.

일례로 2023년에 미국 내 재생 에너지 부문에서만 약 50만 개의 새로운 일자리가 창출되었다고 해요. 이는 석유 및 가스 산업에서 창출되는 일자리의 두 배에 달하는 수치입니다. 또한, 비용 면에서도 재생 에너지가 유리해요. 태양광 및 풍력 에너지는 초기 투자 비용은 높지만, 장기적으로 봤을 때는 운영 비용이 저렴한 덕에 경제적으로 효율적인 에너지원으로 평가받고 있지요.

기후 변화는 주식 시장에도 중요한 영향을 미칩니다. 기후와 주식이라니, 그다지 안 어울리죠? 하지만 여러 연구에 따르면, 기후 변화와 이에 대한 기업의 대응이 해당 기업의 수익성과 주가에 직접적인 영향을 미칠 수 있다고 합니다. 기후 변화 대응과 경제적 성장이 서로 반대되는 이야기가 아니라는 것을 보여준 것이죠. 기업과 국가의 신용등급을 평가하는 미국의 신용평가회사 S&P 글로벌 보고서에 따르면, 기후 리스크에 적극적으로 대처하는 기업의 주가는 장기적으로 더 높은 상승률을 기록하고 있습니다. 반대로, 탄소 집약적 산업에 속한 기업들의 주식은 기후 변화로 인한 정책 변화와 환경 규제로 인해 주가가 떨어질 위험이 크지요.

놀라운 통계는 하나 더 있습니다. 블룸버그 뉴에너지 파이낸스 BNEF에 따르면, 재생 가능 에너지 관련 산업에 투자한 주식 펀드는 최근 5년간 연평균 10% 이상의 수익률을 기록하며 높은 성과를 보였다고 합니다. 이는 투자자들이 기후 변화 대응을 중요시하며, 지속 가능한 비즈니스 모델을 추구하는 기업을 더욱 긍정적으로 평가하고 있음을 보여줍니다.

어때요, 생각보다 기후가 경제에 끼치는 영향력이 대단하지 않나요? 기후 변화에 대응하는 것이 단순히 환경 보호를 넘어 경제적 안정과 성장을 위해 필수적인 전략이라는 것은 이제 명확한 사실입니다. 그러니 우리 모두가 기후 변화에 대한 인식을 높이고, 지속 가능한 미래를 위한 조치에 적극적으로 참여하는 것이 중요하지요.

이뿐만 아니라 기후 변화 대응에 한발 앞서 나가는 것은 단순한 책임감을 넘어 국가의 경제적 경쟁력을 유지하고 강화하는 전략입니다. 기후 변화에 대한 대응은 국익을 보호하고, 국제 사회에서의 입지를 강화하는 중요한 방법이기도 하기 때문이지요. 예를 들어, 유럽연합EU은 탄소 국경 조정 제도CBAM를 도입하여 탄소 배출이 많은 국가의 제품에 관세를 추가로 부과하고 있어요. 이러한 친환경적 변화에 적응하지 못하거나 이를 반대하는 국가는 국제 무역에서 불이익을 받게 될 겁니다. 따라서 탄소 중립 목표를 달성하기 위한 노력은 단순히 환경을 지키고 생태계를 보존하기 위해서뿐만이 아니라, 한국이 세계 경제 속에서 살아남기 위해서도 반드시 해야 하는 노력입니다.

더 나은 미래에 투자하라

지금까지 우리 사회는 경제 성장과 환경 보존이 양립할 수 없다고 생각해 왔습니다. 어느 한 쪽을 추구하려면 다른 쪽을 포기해야만 한다고 생각했고, 그렇게 기후 위기에 대응하는 일을 계속해서 뒤로 미루어 왔습니다. 하지만 경제적 가치와 환경적 가치를 동시에 추구하는 것이야말로 지속 가능한 발전의 핵심이자 미래 세대에게 더 나은 세상을 물려주는 유일한 길입니다.

또한, 기후 변화가 돌이킬 수 없는 결과를 낳기 전에 미리 대응하는 적극적인 자세는 각국의 국익을 보호하면서도 새로운 경제적 기회를 창출할 열쇠입니다. 이런 자세를 갖추어야 재생 가능 에너지 산업에서 선도적인 역할을 하고, 기술을 혁신하고, 국제적으로 다른 나라와 협력 관계를 맺을 수 있죠. 이 모두가 기후 변화 대응에 참여함으로써 얻을 수 있는 긍정적인 결과들입니다. 자국민의 생활 수준을 높이고, 글로벌 경제에서 경쟁 우위를 점하려면 이제는 기후라는 요소를 소홀히 해선 안 됩니다.

기후 변화는 더 이상 미래의 문제가 아닙니다. 지금 이 순간에도 우리는 그 영향을 몸으로, 머리로 여실히 느끼며 이전에는 없었던 경제적, 사회적 도전과 기회를 맞이하고 있습니다. 각국은 이런 새로운 변화에 대비하고 선제적으로 대응해야 합니다. 물론 국가뿐 아니라 개인적으로도 기후 변화에 대해 정확히 인식하고 직접 행동하는 자세가 필요합니다.

지속 가능한 발전을 위해 재생 에너지로 전환하고 자원 효율성을 높이는 것. 자원을 낭비하지 않는 지속 가능한 소비와 생산 방식을 지향하는 것. 이러한 환경을 위한 노력은 경제 성장을 방해하는 것이 아니라, 새로운 가능성을 열고 경제적으로도 더 나은 미래를 만들어 가는 중요한 투자입니다.

기후 변화와
1차 산업

한반도의 기후가 변화하고 있다

한반도는 현재 급격히 일어나는 기후 변화에 적응하는 중요한 단계에 있습니다. 특히 주목해야 할 분야는 바로 농업, 축산업, 그리고 수산업입니다. 농업과 축산업, 수산업은 기후에 민감하게 반응하는 산업입니다. 이 때문에 기후 변화가 농축수산업에 미치는 영향은 우리의 식량 안보와 직결되어 있습니다. 기존의 범위에서 벗어난 기후는 식량 생산 체계를 불안정하게 만듭니다. 그리고 장기적으로는 국민의 건강과 경제에 큰 영향을 미칠 수 있습니다.

여러분 주변에는 농사를 짓는 분들이 많이 계신가요? 도시에 살고 계시다면 농부나 농업 현장을 직접적으로 접하기는 어렵겠지만, 베란다나 옥상, 마당 등에 작게 텃밭을 가꾸거나 가내 스마트팜을 운영하는 모습을 보셨을 수도 있겠네요. 그래도 도시에 사람이 몰리는 현대에는 대부분의 사람들에게 농업이란 일상과 거리가 멀어 보이는 분야일 겁니다. 하지만 잘 알고 계시듯이, 우리의 식탁 위 식재료는 모두 농업을 통해 공급됩니다. 그러니 농업 분야가 안정적으로 유지되지 않으면, 우리가 당연한 듯 누렸던 일상도 위협받을 수 있습니다. 실제로 농작물 생산량이 감소하면 식량 가격이 오르고, 이는 사회적 갈등과 불평등을 심화시켜 사람들의 안전과 행복을 위협할 수 있는 요인이 됩니다.

강원도에서 사과를 키우게 된 이유

우리나라 역시 이런 위험에서 자유롭지 않습니다. 한국농촌경제연구원의 최근 연구에 따르면, 한반도의 평균 기온은 20세기 이후 약 1.6℃ 상승했습니다. 이로 인해 농작물의 생육 패턴도 빠르게 변화하고 있지요. 예를 들어, 한반도 중부지방에서 주로 재배되던 사과는 기온이 상승함에 따라 점차 재배 지역이 북부 지방으로 이동하고 있습니다. 그리고 남부 지방에서는 망고, 아보카도 같은 아열대 작물들이 새로운 소득원으로 부상하고 있습니다. 이러한 변화는 특히 지난 10년간 기온이 빠르게 상승하면서 더욱 가속화되고 있지요. 전남에서는 샤인머스캣, 골드키위 등의 아열대 과일들이 이미 재배되고 있으며, 시험삼아 재배해 보는 수준을 넘어 안정적인 생산 단계로 접어들었습니다.

강원도에서도 큰 변화가 나타나고 있습니다. 전통적으로 강원도는 사과보다는 배추와 같은 고랭지 채소 재배로 유명했습니다. 하지만 앞서 말했듯 기온 상승으로 인해 사과 재배가 가능한 지역으로 바뀌고 있습니다. 강원도 평창과 같은 고랭지 지역에서는 딸기나 사과와 같은 과일 재배가 증가하고 있으며, 이는 기후 변화에 맞추어 농작물 재배 패턴이 어떻게 변화하는지를 잘 보여줍니다. 이러한 변화는 농가에 새로운 기회를 제공하기도 하지만, 동시에 기존 농업 구조의 변화에 적응해야 한다는 부담도 안기지요.

축산업에도 기후 변화의 영향이 명확하게 나타나고 있습니다. 축산업에서 중요한 소, 돼지, 닭과 같은 가축들은 기후 변화에 매우 취약하기 때문이지요. 기온 상승은 가축의 스트레스를 증가시킵니다.

이로 인해 생산성이 감소하고 질병 발생 위험이 커집니다. 젖소의 우유 생산도 기온 상승에 영향을 받습니다. 일부 연구에서는 기온이 1℃ 오를 때마다 생산량이 약 3~5% 감소할 수 있다고 추정하기도 합니다. 물론 실제 영향력은 축사의 온·습도나 환기 시스템, 사료 섭취량 등 다양한 요인에 따라 달라지겠지만 말입니다. 이러한 문제를 해결하기 위해 일부 축산업체들은 가축의 스트레스를 줄이기 위한 냉각 시스템을 도입하고, 사료의 영양소를 조절하여 더운 날씨에도 생산성을 유지할 수 있도록 노력하고 있습니다.

그렇다면 국내 축산업계는 기후 변화에 어떻게 대응하고 있을까요? 현재 국내에서는 대체우유 개발이 활발히 진행되고 있습니다. 특히, 국내 스타트업과 대기업 유업체들이 기후 변화와 환경적 지속 가능성을 고려하여 대체유代替乳를 개발하고 있지요. 예를 들어, 콩이나 귀리, 아몬드 등 다양한 식물성 원료를 사용한 대체유는 젖소에게서 짜내는 축산업 기반 우유에 비해 온실가스 배출량이 훨씬 적다는 장점이 있습니다. 이러한 대체유는 기후 변화에 따른 축산업의 부담을 줄이는 동시에 소비자들에게 지속 가능하며 더 건강한 선택지를 줍니다. 한국의 주요 유업체들은 이러한 대체유 시장에 적극적으로 뛰어들고 있으며, 새로운 제품을 개발하여 소비자들의 다양한 요구를 충족시키고 있습니다.

기후 변화는 수산업에도 복합적인 영향을 미치고 있습니다. 최근에는 수온 상승으로 인해 해파리의 출몰 빈도가 급격히 증가하고 있습니다. 해파리는 수온 상승에 매우 민감하게 반응하는 생물입니다. 그리고 한반도 연안의 수온이 상승함에 따라 해파리 떼가 자주 출몰하고 있습니다. 해파리의 급증은 어획 활동에 방해가 될 뿐만 아니라 양식장에도 큰 피해를 줍니다. 특히 해파리가 그물에 걸리거나 양식 어류의 먹이를 차단하는 경우가 많아 어업인들에게 큰 경제적 손실을 끼치고 있습니다. 국립해양조사원의 조사에 따르면, 해파리 출현 빈도가 지역별로 수 배에서 수십 배까지 증가했습니다. 이에 따라 일부 지역에서는 해파리 제거 작업을 강화하고 있으며, 해파리를 활용한 제품을 개발하는 방안도 함께 논의하고 있습니다.

앞서 말한 농업 및 수산업의 변화가 복합적으로 나타나는 곳이 바로 제주도입니다. 제주도의 기온이 더욱 높아지면서 제주도에서는 이제 동남아시아 과일들이 재배되고 있으며, 수산업에서도 변화가 나타나고 있습니다. 제주 연안의 수온이 올라가, 기존에 잡히던 어류 대신 아열대성 어종이 늘어나고 있기 때문이지요. 그중에서도 방어나 참치와 같은 어종의 어획량이 증가하는 현상은 제주 수산업의 주요한 변화를 보여줍니다. 또한 딸기는 전통적으로 제주에서 많이 재배되었으나, 최근에는 더 시원한 고랭지로 재배지를 옮기고 있습니다.

이처럼 기후 변화는 일부 농작물에게는 불리한 영향을 미치지만, 반대로 새로운 작물을 재배할 기회도 제공하고 있습니다. 예를 들어, 제주에서는 2022년부터 망고, 용과, 아보카도와 같은 아열대 과일이 대규모로 재배되고 있습니다. 이는 수입에 의존하던 과일의 국내 자급률을 높이는 데 기여하지요.

하지만 이런 장점이 있다고 해서 마냥 기뻐할 수는 없습니다. 우리나라의 기온 상승 속도가 빠르다는 뜻이기도 하기 때문입니다. 국립기상과학원의 보고서에 따르면, 지난 100년간 한반도의 연평균 기온 상승률은 전 세계 평균보다 2배가량 높습니다. 한반도는 1901년부터 현재까지 연평균 기온이 1.5℃ 상승했으며, 제주도의 경우 1.7℃까지 상승했습니다. 이러한 온도 상승은 농업에 필수적인 수자원에도 큰 영향을 미치고 있습니다. 강수 패턴이 변화하면서 일부 지역에서는 가뭄이 빈번해지고 있으며, 이는 농작물 생산량 감소뿐만 아니라 일상까지도 위협합니다. 예를 들어, 2022년 말부터 2023년 봄까지 이어진 가뭄으로 인해 전남 일부 지역에서는 물 공급이 제한되었습니다, 이 때문에 주민들은 농업용수를 확보하기 더욱 어렵게 됐을 뿐 아니라 일상생활에 필요한 물조차 제대로 공급받지 못했습니다. 기후 변화로 인한 물 자원의 불안정성은 농업뿐만 아니라 수산업의 양식 과정에도 심각한 영향을 미치고 있습니다. 물 부족은 어류의 생육 환경을 악화시키기 때문입니다.

기후 변화로 인한 농업, 축산업 및 수산업 환경의 변화는 지역별 작물 재배와 어종 분포에도 큰 변화를 가져왔습니다. 전북 지역에서는 베트남 채소 농장이 등장하여 고수, 공심채와 같은 동남아시아 채소를 재배하고 있습니다. 이 채소를 소비할 국제결혼 이주자와 이주 노동자들이 늘어나기도 했지만, 한국의 기후가 열대 작물 재배에 적합해졌기 때문입니다. 또한 전북 무주군과 강원도 평창군의 해발 900m 이상 고랭지에서는 기존의 딸기 재배지를 옮겨 새로운 하우스를 설치하고 있습니다. 이 지역의 농가들은 기후 변화에 맞춰 고랭지 작물을 새로운 환경에 적응시키려고 노력하고 있습니다. 이러한 노력은 기후 변화에 맞춰 지역 경제를 유지하고 발전시키는 데 중요한 역할을 하고 있습니다.

똑똑하고 깨끗해지는 1차 산업

기후 변화는 농업, 축산업과 수산업뿐만 아니라 사회 전체에도 큰 영향을 미치고 있습니다. 그렇기에 이에 대응하기 위해 여러 전략을 고민하고 있지요. 예를 들어 농사에 인공지능과 같은 정보기술을 활용하는 스마트팜 같은 첨단 농업 기술은 기후 변화에 따른 위험을 완화하는 데 중요한 역할을 하고 있습니다. 농사에 쓰이는 물과 화학비료의 사용량을 줄임으로써 농사 과정에서의 탄소 배출량을 낮출 수 있기 때문입니다.

이처럼 드론, 인공지능AI, 사물인터넷IoT 등을 활용한 정밀 농업은 농작물의 상태를 모니터링하고, 필요한 자원을 최소한으로 사용하여 생산성을 극대화시킵니다. 실제로, 맥킨지 보고서「Agriculture's Connected Future」는 작물·지역에 따라 수확량이 최대 54%까지 증가하고, 물 사용량은 최대 절반 수준까지 절약된다는 내용을 소개한 바 있습니다. 이러한 기술은 특히 기후 변화로 인해 자원이 점점 더 부족해지는 상황에서 중요한 해결책으로 떠오르고 있습니다.

축산업에서도 기술 발전은 필수적입니다. 예를 들어, 스마트 축산 기술은 가축의 상태를 실시간으로 모니터링하여 건강 상태를 유지하고, 스트레스를 줄이며, 사료를 효율적으로 공급해 줍니다. 이러한 조치를 통해 기후 변화로 발생하는 부정적인 영향을 최소화하고 생산성을 높일 수 있지요. 몇몇 축산 농가는 태양광 패널을 설치하여 에너지를 자체적으로 생산하고, 이를 통해 냉각 시스템을 가동함으로써 가축이 느낄 더위 스트레스를 줄이고 있습니다.

수산업에서도 어류의 생육 환경을 모니터링하고 최적화시키기 위해 스마트 양식 시스템을 도입했습니다. 이를 통해 해양 온도 상승과 수질 악화에 대응하고 있는데요. 덕분에 수산업은 더욱더 효율적으로 변해가고 있지요. 예를 들어, 해양 드론과 수중 센서를 활용한 양식장은 어류의 생육 상태와 수질을 실시간으로 모니터링하여, 문제가 발생할 시 신속히 대응할 수 있는 체계를 갖추고 있습니다. 이러한 첨단 기술은 어업 생산성을 높이는 동시에 환경적 영향을 최소화하는 데 기여합니다.

농업 분야에서는 기술을 활용하는 방안 말고도, 지속 가능한 농업 관행을 도입하는 것도 중요한 과제로 떠오르고 있습니다. 세계자연기금WWF에 따르면 지속 가능한 농업은 생태계를 보호하면서도 농업 생산성을 유지하는 것을 목표로 합니다. 이는 유기농 재배, 무농약 재배로 자연에 주는 피해를 줄이고 물 자원의 효율적 사용으로 물 부족과 오염 문제를 해결하려는 노력 등을 포함합니다. 이는 기후 변화에 적응하고 회복력을 높이는 데 큰 도움이 될 수 있습니다. 국제식량정책연구소IFPRI는 이처럼 지속 가능한 농사 방식이 기후 변화에 대한 회복력을 높이고, 장기적으로는 농업의 생산성을 높일 수 있다고 보고했습니다. 특히, 한국의 경우 농촌 인구가 고령화되고 있어 지속 가능한 농업과 스마트 농업의 결합을 통해 농업 생산성을 유지하고 확대할 필요가 있습니다.

과학은 만능이 아니다

기술이 발전한다고 해서 무조건 기후 위기에 도움이 된다는 보장은 없습니다. 때로는 기술이 또 다른 환경 문제를 낳거나, 일부 지역과 산업만 기술 발전의 혜택을 보는 경우도 있기 때문입니다. 그렇지만 기후 위기는 인류가 당면한 피할 수 없는 숙제입니다. '돈은 거짓말을 하지 않는다'는 표현처럼 이 분야에 대한 투자는 앞으로도 계속될 수밖에 없습니다. 그리고 어떻게 쓰느냐에 따라 기술은 기후 문제 해결의 실마리가 될 수도 있고, 또 다른 불평등이나 부작용을 키우는 씨앗이 될 수도 있습니다. 결국 중요한 건 기술 그 자체가 아니라, 그 기술을 어디에, 누구를 위해 쓸 것인지 결정하는 사회적 선택입니다.

기후 변화에 대응하기 위해서는 정부와 사회의 적극적인 지원이 필요합니다. 특히 농축수산업 분야에서는 기술 지원과 인프라 구축이 필수적입니다. 정부는 기후 변화에 대한 연구와 개발을 지원하고, 농업 분야에서 기후 변화 적응 전략을 적극적으로 추진해야 합니다. 이에 대한 모범 사례가 바로 유럽연합EU입니다. 유럽연합의 연구 혁신 프로그램인 호라이즌 유럽Horizon Europe은 2021~2027년 농업·바이오경제·자연 자원·환경 분야 등 'Cluster 6'에 약 89억 5000만 유로를 투입했습니다. 이는 기후 변화에 대응하기 위한 농업 전략 수립에 큰 도움이 되었습니다.

한국도 이러한 국제적인 흐름에 발맞춰 기후 변화 대응을 위한 연구와 기술 개발에 더욱 힘써야 합니다. 또한, 농가와 어업인, 축산업 종사자를 대상으로 한 기후 변화 교육 프로그램을 늘려야 합니다. 기후 변화로 인한 영향권에 가장 가까이 있는 이들이 기후 변화를 제대로 이해하게 하고 이에 적응할 수 있는 역량을 강화하는 것이 중요하기 때문입니다.

지금까지 살펴본 것처럼 기후 변화에 대한 농축수산업의 적응과 전환은 필수적입니다. 이는 우리의 식량 안보를 보장하고, 농업의 지속 가능성을 높이는 가장 효과적인 방법입니다. 기후 변화에 따른 경제적, 환경적 영향을 최소화하는 데 중요한 역할을 합니다. 농업, 축산업, 수산업 분야의 변화와 발전은 단순히 농부나 어업인 등 1차 산업 종사자만의 문제가 아니라 우리 모두의 미래와 관련된 문제입니다. 그렇기에 지속 가능한 미래를 위해 기후 변화에 적극적으로 대응하고 적응하는 것은 선택이 아닌 필수입니다.

꿀벌이 사라지면
일어나는 일

어느 날 갑자기 꿀벌이 사라졌다

따뜻한 봄이 되면 으레 꽃놀이가 가고 싶어집니다. 그런데 우리는 과연 언제까지 꽃을 마음껏 볼 수 있을까요? 여름이 점점 더 빠르게 찾아오고, 겨울은 더 추워지는 걸 보면 지금 만나는 꽃을 내년에 만날 수 없을지도 모른다는 불안감이 있습니다. 나중엔 꽃을 식물원 같은 '시설'에서나 볼 수 있을지 모른다는 생각도 들죠.

이런 생각을 하다 보면 자연스레 꽃의 단짝, '꿀벌'에 생각이 가닿습니다. 익히 알려져 있듯 꿀벌은 암꽃과 수꽃을 이어주는 매개체 역할을 하며 우리가 꽃을 볼 수 있도록 도와주죠. 물론 맛있는 꿀도 건네주고요. 그렇지만 요 근래 꿀벌의 '실물'을 보기 어려워졌습니다. 기후 변화가 우리의 작은 친구인 꿀벌에게 어떤 영향을 미치는지 아시나요?

2021년에 이어진 무더위는 10월 초까지 지속되었고, 아침 사이에 급격히 기온이 떨어졌습니다. 극적인 기온 변화는 꿀벌 생태계에 큰 타격을 주었습니다. 농림축산식품부에 따르면 2021년 겨울에만 78억 마리의 꿀벌이 사망했다고 합니다. 이는 국내 꿀벌의 약 16%에 해당하는 수치입니다.

꿀벌의 죽음이 이토록 문제가 되었던 것은 꿀벌이 우리 생태계에서 매우 중요한 역할을 담당하기 때문입니다. 꿀벌은 봉군 내에서 날개로 열을 내며 겨울을 견디는데, 10월의 낮 기온이 12도 이하로 떨어질 경우 여왕벌이 알을 낳지 않기 때문에 겨울벌이 잘 태어나지 못하게 됩니다. 날씨가 일찍 추워지니 꿀벌은 먹이 활동을 제대로 하지 못하고, 보온 활동에 집중하느라 산란에도 영향을 받죠.

반대로 너무 늦게 추워져도 문제입니다. 연구에 따르면, 2021년 11월부터 12월 초까지 지속된 이상 고온 현상 역시 꿀벌이 봉군을 떠나지 못하게 하고 비행을 갔다가 지쳐 돌아오지 못하게 만들었다고 합니다. 이처럼 온도 변화에 큰 영향을 받는 꿀벌의 습성을 생각하면 이상 기온이 꿀벌 집단 실종 및 폐사에 영향을 미쳤을 가능성이 매우 큽니다.

꿀벌은 농업에 필수적인 존재입니다. 꽃가루를 옮겨 수분을 돕는 꿀벌의 행동은 과일과 채소의 생산에 결정적인 역할을 합니다. 유엔 식량농업기구FAO에 따르면 전 세계 100대 농작물 중 71종이 꿀벌에 의해 열매를 맺고 있습니다. 이는 전체 식량의 35%에 해당하는 양으로, 우리가 먹는 식품의 상당 부분이 꿀벌의 수분 활동을 통해 생산된다는 것을 의미합니다. 봄나들이 가서 만나는 야생 꿀벌을 제외한다면 사실 꿀벌은 인간의 삶을 돕는 '가축'인 셈입니다.

그렇기 때문에 만약 꿀벌이 사라진다면 인류는 식량 생산에 큰 영향을 받을 것입니다. 농림축산식품부는 꿀벌이 줄어들면 농업 생산성에 직접적인 타격을 줄 수 있으며, 극단적으로는 식량난이 일어날 수 있다고 경고하고 있습니다. 꿀벌이 수분 활동을 하지 못하게 된다면 당장 사과, 블루베리, 아몬드와 같은 작물의 생산량이 급격히 줄어들 겁니다. 예를 들어 캘리포니아 아몬드 산업은 꿀벌에 크게 의존하고 있으며, 아몬드 나무의 수분율이 줄어들 경우 연간 수백만 달러의 손실이 발생할 수 있지요.

영국에서의 연구에 따르면, 기후 변화로 인해 온도가 상승하면 꿀벌의 활동 시기와 식물의 개화 시기가 어긋날 수 있다고 합니다. 이렇게 되면 꿀벌도 충분한 식량을 찾지 못하고, 식물의 수분도 제대로 이루어지지 않을 수 있습니다. 결국 이 역시 과일과 채소의 생산에 직접적인 영향을 미쳐 농업 생산성에 큰 타격을 줄 수 있습니다. 영국의 한 생태학 연구는 꿀벌의 개체 수가 30% 이상 감소하면 일부 농작물의 수확량이 최대 40%까지 감소할 수 있음을 밝혀냈습니다. 이러한 연구 결과를 보면, 꿀벌이 사라진다는 것은 곧 우리의 풍족한 생활도 사라진다는 뜻입니다.

꿀벌은 전 세계 농업계에 해마다 약 235억 달러에서 577억 달러(약 32조 6600억~80조 1900억)의 경제적 가치를 제공합니다. 이처럼 중요한 존재인 꿀벌이지만 미국 캘리포니아 데이비스UC Davis 대학 연구에 따르면, 기후 변화로 인해 꿀벌이 겪는 스트레스는 꿀벌의 건강과 생존을 위협하고 있으며, 이는 궁극적으로 전 세계적인 식량 보안과 생태계의 안정성에 심각한 위협이 될 수 있다고 합니다.. 인간은 물론 수많은 동식물 사이의 연결점인 꿀벌이 사라지면 우리에게 직접적인 영향을 미칠 뿐 아니라 생태계의 다양한 생명체들에게도 큰 충격을 줄 것입니다.

어떻게 꿀벌을 구할 수 있을까

꿀벌의 실종 혹은 죽음의 문제는 비단 우리나라만의 문제는 아닙니다. 해외에서도 꿀벌의 '사망 사고'와 그로 인한 경제적 타격 등이 보고되고 있습니다.

가령 2010년대 유럽에서는 40% 이상의 꿀벌이 사망한 것으로 보고되었습니다. 이는 기후 변화로 인한 기온 상승, 농약 사용 증가, 서식지 감소 등이 복합적으로 작용한 결과였습니다. 그래서 유럽연합 EU은 이러한 꿀벌 감소 문제를 해결하기 위해 농약 사용을 제한하는 정책을 도입했으며, 생태계를 보호하기 위한 다양한 노력을 기울이고 있습니다.

프랑스에서는 '꿀벌 보호 구역'을 지정하여 꿀벌의 서식지를 보전하려는 노력이 이루어지고 있습니다. 또한 프랑스는 농약 사용을 줄이기 위해 특별한 제재 정책을 시행하며, 도시 내의 꿀벌 서식지를 확대하는 프로젝트도 진행 중입니다. 예를 들어, 파리에서는 건물 옥상과 공원에 벌통을 설치하여 꿀벌의 서식지를 늘리고 있으며, 이를 통해 도심 내 생물의 다양성을 높이고 있지요.

이웃나라인 독일 역시 꿀벌 보호를 위해 적극적인 조치를 취하고 있습니다. '꿀벌 보호 프로그램'을 통해 농약 사용을 줄이고, 꿀벌의 먹이원이 되는 꽃을 심는 활동을 지원하고 있지요. 또한, 시민들이 참여할 수 있는 '꿀벌 지키기' 캠페인을 통해 꿀벌의 중요성을 알리고, 각 가정에서도 꿀벌 보호에 참여하도록 독려하고 있습니다.

네덜란드의 경우, 한때 국내에 서식하는 꿀벌 중 절반 이상이 멸종할 위기에 처한 적도 있었습니다. 이 위기를 해소하기 위해 네덜란드는 도시 농업을 활성화하여 꿀벌의 서식지를 늘려 나가고 있습니다. 특히 암스테르담 시에서는 도시 전역에 걸쳐 '꿀벌 호텔'이라는 작은 서식지를 설치하여 꿀벌은 물론 꽃가루를 옮겨주는 다른 생명체들이 서식할 수 있는 환경을 제공합니다. 이 꿀벌 호텔은 꿀벌에게 안정적인 서식지를 제공하고, 생물 다양성을 높여 주지요. 또한, 네덜란드는 꿀벌 보호를 위해 꿀벌에게 해롭지 않은 생물학적 해충 방제 방법을 개발하고 있습니다. 이를 통해 화학 농약 사용을 줄여 나가고 있다고 하지요.

이렇게 세 나라가 꿀벌을 지키기 위해 어떤 노력을 하는지 살펴봤습니다. 혹시 이 중에서 공통점을 하나 찾으셨나요? 맞습니다. 바로 농약 사용을 줄이는 것입니다. 기후 변화에 대한 대응 방안으로 친환경 농업 도입이 반드시 요구되는 이유입니다. 쉽게 말해 '꿀벌이 편안해하는 환경'을 구축해야 하는 것이지요.

유기농 재배는 농약 사용을 줄이고, 꿀벌의 서식지를 보호하는 데 기여하는 좋은 방법입니다. 또한, 도시 농업과 같은 새로운 농업 형태는 꿀벌의 서식지를 다양하게 만들고, 생태계를 복원하는 데 도움을 주지요. 도시 정원과 옥상 정원 같은 공간은 꿀벌이 먹이를 찾는 중요한 장소가 됩니다.

과학 기술의 발전도 꿀벌 보호에 중요한 역할을 합니다. 예를 들어, 드론을 이용한 꽃가루 수분 기술은 꿀벌의 역할을 보완할 수 있습니다. 또한 미국 국립과학재단[NSF]은 유전자 편집 기술을 통해 환경 오염으로 떨어진 꿀벌의 병원균 저항성을 높이는 연구를 진행 중입니다. 이 외에도 기후 변화로 인해 꿀벌의 서식지에 미치는 영향을 모니터링하고, 꿀벌의 건강 상태를 실시간으로 추적하는 스마트 기술 개발이 이루어지고 있습니다.

기후 변화는 꿀벌의 생존과 수분 작업에 중대한 영향을 미치며, 이는 농업 생산성과 식량 안보에 직접적인 영향을 줍니다. 따라서 우리는 꿀벌 보호를 위해 지속 가능한 농업 방식을 도입하거나 친환경적인 과학 기술의 활용, 기후 변화 대응 전략 수립 등의 노력을 통해 꿀벌을 보호하고, 농업 생태계를 유지해야 합니다. 생각보다 더 중요한 꿀벌 문제, 우리의 미래 식량 안보와 경제적 지속 가능성을 보장하는 데 매우 중요합니다.

우리의 작은 친구 꿀벌을 지키는 것은 단순히 하나의 곤충을 보호하는 것이 아니라, 우리와 후손의 미래를 지키는 일이기도 합니다. 우리의 삶을 지켜 주는 꿀벌이 사라지지 않도록 이제는 우리가 꿀벌을 지켜야 할 때입니다.

아보카도와
기후 변화

아보카도가 환경을 파괴한다고?

아보카도는 그 맛과 건강상의 이점으로 많은 사람들에게 사랑받고 있습니다. 맛있는 샌드위치나 과카몰리, 타코 같은 요리에도 곧잘 쓰이지요. 그런데 혹시 이 맛있는 과일이 환경과 기후에 어떤 영향을 미치는지 알고 계신가요?

아보카도 재배는 상당한 양의 물을 필요로 합니다. 구체적으로는 아보카도 1kg을 생산하기 위해 최대 2,000리터의 물이 필요하다고 합니다. 이는 토마토나 오렌지와 같은 다른 과일보다 훨씬 높은 수치입니다. 특히 물 부족 문제가 심각한 지역에서 아보카도 재배는 환경적으로 매우 힘든 일이 될 수 있죠.

또한, 아보카도는 탄소 발자국도 상당합니다. 농사를 짓는 과정에서 배출되는 탄소는 물론, 아보카도의 주 생산지인 멕시코에서 다른 나라로 아보카도를 운반하는 과정에서 배출되는 탄소가 대부분입니다. 실제로 멕시코에서 재배된 아보카도가 유럽으로 수출될 때 발생하는 탄소 발자국은 약 $0.85kg$ CO_2e/kg으로 추정됩니다. 장거리 운송은 이산화탄소 배출을 크게 증가시킵니다.

이러한 아보카도의 환경적 영향을 줄이기 위해 아보카도를 대체할 수 있는 여러 대안이 있습니다. 완전히 맛이 똑같지는 않지만 건강에 좋고 환경적 영향이 적은 다양한 선택지가 있지요. 예를 들어, 감자와 바나나는 아보카도보다 물 사용량이 적고, 탄소 발자국도 상대적으로 낮습니다. 감자는 1kg당 약 287리터의 물을 사용하며, 바나나는 약 790리터를 사용합니다. 이들 작물은 영양가도 높고 다양한 요리에 활용할 수 있어 아보카도의 좋은 대안이 될 수 있습니다.

또한 망고는 아보카도와 유사한 영양소를 제공하지만 재배에 사용하는 물은 더 적습니다. 치아씨드 역시 높은 영양 가치를 자랑하면서도, 망고와 마찬가지로 생산에 필요한 물 사용량도 아주 적지요. 아보카도에 비해서만이 아닙니다. 세계자원연구소Water Footprint Network 에 따르면, 치아씨드는 높은 수익을 내는 다른 작물에 비해 훨씬 적은 물을 소비합니다. 이는 치아씨드가 건조한 지역에서도 재배할 수 있는 작물이기 때문인데요, 그 결과 물 부족 문제에 대한 부담을 상당히 줄일 수 있습니다.

또한, 호스에 작은 구멍을 뚫어 필요한 위치에만 한 방울씩 물을 주는 점적 관개와 같은 물 절약 기술의 도입, 유기농 재배 방식 적용, 지속 가능한 해충 관리 등을 통해 아보카도의 환경적 영향을 줄일 수 있습니다. 이러한 지속 가능한 재배 방식은 물과 에너지 사용을 최적화하고, 장기적으로는 탄소 발자국을 줄이는 데 도움이 됩니다.

주변에도 아보카도를 먹는 사람들이 많으니 이 정도는 괜찮다고 생각할 수도 있습니다. 하지만 연료뿐 아니라 식품도 어떻게 소비하느냐에 따라 환경에 중대한 영향을 미칠 수 있습니다. 따라서 지속 가능한 식품 소비와 생산 방식에 대한 고민이 점점 더 중요해지고 있습니다. 우리 모두가 환경을 고려한 선택을 할 때, 보다 지속 가능한 미래를 만들어갈 수 있을 것입니다.

앞서 말했듯 지역에서 재배되는 계절 과일과 채소를 선택하는 것도 환경적 영향을 줄이는 좋은 방법입니다. 예를 들어, 현지에서 재배되는 사과나 배는 수입 과일에 비해 훨씬 적은 탄소 발자국을 남깁니다. 운송 과정에서 발생하는 이산화탄소 배출량이 훨씬 적기 때문입니다. 그렇다면 지역 농산물을 소비하면 환경을 보호하면서도, 더 신선한 먹거리를 먹을 수 있겠지요?

이렇게 다양한 대안을 고려함으로써, 우리는 지속 가능한 식습관을 개발하고 환경 보호에 기여할 수 있습니다. 여러분의 작은 선택이 지구에 긍정적인 변화를 만들어낼 수 있다는 것을 기억해 주세요!

기후 변화는
우리 몸에 어떻게 남는가

기온 상승으로 아픈 것은 지구뿐만이 아니다

날씨가 너무 더워서 기분이 나쁘고 열이 욱 올라오는 경험 해 보신 적 있으신가요? 여름날 햇볕 아래 잠시 서 있었을 뿐인데 어지럽고 숨이 가빴던 경험, 누구에게나 한 번쯤은 있었을 겁니다. 이처럼 우리 인간에게 기후는 단순히 외부의 환경이 아니라, 우리의 몸속 반응과도 밀접하게 연결돼 있습니다. 하지만 기후가 건강에 어떤 영향을 주는지, 그 경로를 하나씩 정확히 짚어 보기는 쉽지 않습니다. 기온이 오르고, 날씨가 변하면 우리의 몸과 마음은 어떻게 반응할까요? 그리고 앞으로 더욱 극단적으로 바뀔 기후에서 살아가려면 무엇을 준비해야 할까요?

기후 변화는 신체적 건강에 직접적으로 영향을 미칩니다. 인체의 체온 조절을 위한 기관들은 꽤 민감한 체계를 이루기 때문이지요. 특히 우리의 신체에 영향을 주는 이상 기후 중에서도 폭염 문제는 가장 긴급한 위협으로 부상하고 있습니다. 기온이 1도 오를 때마다 열사병 위험이 평균 7% 증가한다는 보고처럼, 기온이 높아지면 온열 질환자가 눈에 띄게 증가하기 때문입니다. 예를 들어, 2018년 한반도를 강타한 폭염은 서울 낮 최고 기온을 39도로 끌어올렸고, 이로 인해 열사병과 탈수로 인한 사망자가 급증했습니다.

또한 폭염은 심혈관계 질환, 신장 질환, 호흡기 질환 등을 악화시키며 특히 고령자, 유아, 만성질환자 등 건강 면에서 취약한 계층을 위협합니다. 이들은 땀을 잘 흘리지 못하거나, 체온 조절이 어렵기 때문에 더 위험합니다. 실제로 우리나라에서 폭염 사망자의 약 80%는 65세 이상입니다. 장년층은 에어컨 같은 냉방 장치가 있어도 전기 요금이 부담돼 선풍기만 틀거나 창문을 열고 지내는 등 냉방을 아끼는 경우가 많습니다. 이때 도시의 열섬 효과가 겹치면 체감 온도는 기온보다 훨씬 높게 나타납니다. 이로 인해 의료체계는 폭염 대응을 위해 추가 자원을 투입하게 되고, 이는 사회적 비용 상승으로 이어집니다.

전염병 문제 역시 기후 변화와 밀접한 연관이 있습니다. 기온과 강우량 변화는 말라리아, 뎅기열, 지카 바이러스와 같은 열대성 질병 매개체의 생태계를 북상시키고, 새로운 지역에서 이 질병들이 발병할 가능성을 키우고 있습니다. 세계은행 등 일부 연구 기관은 지구 기온이 상승할 경우, 2050년까지 말라리아에 노출되는 인구가 전 세계적으로 최대 1억 5000만 명 증가할 수 있다고 경고합니다. 이는 보건 체계에 새로운 부담을 안기며, 의료비 지출을 늘리고 심하게는 공중보건 위기를 발생시킬 수 있죠.

기온이 높아지면 공기 속 화학 반응도 바빠집니다. 이렇게 해서 생겨나는 대표적인 물질이 바로 오존입니다. 자동차와 공장에서 나온 배출가스는 햇볕과 만나면서 오존이 생성되는데, 이것이 폐 깊숙이 들어가 기관지를 자극합니다. 여름철 맑은 날에도 우리가 '숨쉬기 답답하다'고 느끼는 이유 중 하나입니다. 환경부는 2024년 여름 수도권에서 오존주의보가 발령된 날이 38일로, 10년 전보다 2배 가까이 늘었다고 밝혔습니다. 여기에 미세먼지까지 겹치면 천식, 기관지염, 심혈관계 질환 환자에게는 이중고가 됩니다.

날씨가 뜨겁게 달아오르면 곤충들도 전과 다르게 움직입니다. 모기 같은 곤충은 온도에 따라 활동 범위를 조정하는데, 그러면서 질병도 함께 옮겨오기 때문입니다. 이로 인해 과거 열대지역에서만 유행했던 말라리아나 뎅기열처럼 모기를 매개로 한 질병이 이제는 온대 지역까지 올라오고 있습니다. 한국에서는 작은빨간집모기가 제주에서 나타난 데 이어 전남, 경기 동탄 및 세종 지역 등 중부 지방까지 서식지가 확대되고 있습니다.

비가 한꺼번에 쏟아지고, 이로 인해 배수 시스템이 넘치면 수인성 질병의 위험도 커집니다. 특히 하수관이 넘쳐 하천이나 바다로 오염수가 흘러가면 콜레라균이나 장염 비브리오균 등이 퍼질 수 있습니다. WHO 역시 2050년까지 지구 평균 기온 상승으로 설사 질환 사망자가 연간 4만 8000명가량 증가할 수 있다고 밝혔습니다.

또한 앞선 장에서 살펴보았듯이, 기후는 식탁 위에도 영향을 줍니다. 날씨가 너무 덥거나 가물면 농작물의 수확량이 줄어들고, 이로 인해 식품 가격이 오르게 됩니다. 탄자니아에서는 반복된 폭염으로 옥수수 수확량이 최대 11%까지 줄어든 사례가 있지요. 이러한 수확량 감소는 식량 문제를 넘어 '미래 세대'인 어린이의 성장과 영양 상태에도 직결됩니다. 런던위생열대의학대학원 연구진은 기후 변화가 아동의 발육 부진에 미치는 영향을 계산하여 수치로 나타낸 결과, 2050년까지 남아시아와 사하라 이남 아프리카 지역에서 중등도의 발육 부진이 심하면 최대 62%까지 증가할 수 있다고 분석했습니다.

이처럼 기후 위기는 세대와 국경을 따지지 않고 모두에게 영향을 미치지만, 그렇다고 해서 모든 사람이 이 위기를 같은 방식, 같은 강도로 겪지는 않습니다. 특히 에너지를 사용하기 어렵거나 건강상 취약한 계층일수록 그 피해는 더 크게 돌아옵니다. 난방이 안 되는 곳에서 겨울을 나고, 냉방이 어려운 여름날 도시 골목을 걸어야 하는 이들에겐 온도계 수치보다 체감 온도가 더 중요합니다.

이 사실을 가장 안타까운 방식으로 보여주는 사례는 수두룩합니다. 2024년 여름, 서울 영등포구의 한 고시원에서 70대 남성이 숨진 채 발견됐습니다. 며칠째 이어진 폭염 속에서 에어컨 없이 선풍기만 틀어놓은 상태였습니다. 전기 요금이 걱정돼 더위에도 냉방기를 켜지 않았던 것으로 알려졌습니다. 같은 해 대구 달서구에서도 60대 여성이 반지하 주택에서 쓰러진 채 발견됐습니다. 창문을 열어놨지만 방 안 공기는 식지 않았습니다. 더위가 일상이 되며 이처럼 위험한 순간은 늘어나고 있습니다.

폭염만이 아닙니다. 2024년 장마철 강원 영서 지역에서는 기록적인 집중호우로 산사태가 발생했고, 비닐하우스에서 작업 중이던 농민이 토사에 휩쓸려 숨진 일이 있었습니다. 비슷한 시기 충청 북부 지역에서도 하천 범람으로 고립됐던 주민이 구조되지 못하고 희생됐습니다. 돌이킬 수 없는 갑작스러운 재난은 평범한 일상 속에서 발생했습니다. 무너진 기후가 정말로 우리와 우리 이웃의 삶까지도 무너뜨리고 있는 것입니다.

도시에서 일어나는 기후 위기의 증상은 의료비 부담으로 이어집니다. 미국 환경단체 NRDC 등 환경 및 보건 단체의 분석에 따르면, 폭염 등 기후 변화 관련 건강 피해로 인한 비용은 연간 최대 8,200억 달러(약 1,138조 9,000억 원) 수준으로 추산됩니다. 더불어 근로시간 손실도 큽니다. 국제노동기구ILO는 2030년까지 고온으로 인한 노동력 손실이 연간 21억 시간으로, 이는 세계 GDP의 약 1%에 해당하는 규모라고 분석했습니다.

이상 기후로부터 내 몸을 지키는 법

기후로 인한 건강 문제는 이미 우리 일상 가까이 와 있습니다. 뜨거운 도시에 사는 노인과 어린이, 냉방이 어려운 저소득 가구, 더위 속에서 일해야 하는 노동자들처럼 누군가는 이미 매일 그 영향을 겪고 있습니다. 오염된 공기 속에서 숨이 가빠지고, 갑작스러운 감염병에 노출되는 일 역시 낯설지 않습니다. 이런 위험은 갑자기 사라지지 않지만, 사전에 대비하고 줄일 수는 있습니다. 그렇다면 이런 위험에 어떻게 대응해야 할까요.

첫 번째는 '예방'입니다. 더위에 노출되는 시간을 줄이고, 도시 자체의 온도를 낮추는 작업이 필요합니다. 프랑스 파리는 2023년 '쿨아일랜드'라는 이름으로 학교와 공원 등 약 400곳에 물 안개를 뿌리는 그늘막을 설치했습니다. 누구나 쉽게 찾아가 쉴 수 있는 공간이었습니다. 대단한 기술이 아니었지만, 그 결과 여름철 구급차 호출이 12% 줄어드는 효과를 거뒀습니다. 단지 체온을 식힐 공간을 마련하는 것만으로도 열사병이나 호흡기 질환 같은 건강 피해를 줄일 수 있었던 겁니다. 이 사례가 보여주듯, 도시는 사람을 보호하는 공간이 될 수 있습니다. 이를 위해서는 교실과 놀이터, 골목과 광장처럼 사람들이 머무는 곳부터 시원하게 만들어야 합니다.

두 번째는 '조기 경보'입니다. 위험이 닥치기 전에 미리 알려야 합니다. 갑작스러운 더위나 오염된 공기, 감염병처럼 눈에 보이지 않는 위험은 미리 대비하지 않으면 피해가 더 커집니다. 한국은 2024년부터 폭염경보가 발령되면 취약계층에 문자 알림을 보내는 제도를 시행하고 있습니다. 위기 상황에서 가장 위험한 이들이 먼저 대응할 수 있도록 하는 겁니다. 미국 애리조나주는 고열지수를 스마트 워치와 연계해 시민들이 스스로 몸 상태를 확인하고, 더위 속에서 어떻게 행동해야 하는지 알 수 있도록 했습니다. 그밖에도 무더운 날에는 한낮

외출을 피하고, 평소보다 물을 자주 마시는 것만으로도 열사병 위험을 크게 낮출 수 있습니다. 이렇게 작은 준비가 큰 차이를 만듭니다.

세 번째는 '과학적 모니터링'입니다. 어디에서 어떤 피해가 생기는지, 누가 더 위험한지를 정확히 알아야 대비책도 세울 수 있습니다. 질병관리청은 2025년부터 20만 명 규모의 '기후 취약건강 패널'을 운영할 예정입니다. 기온과 대기오염, 감염병 노출 같은 환경 요인과 실제 질병 데이터를 연결해 지역별로 위험을 분석합니다. 이를 바탕으로 어떤 동네에는 열섬 완화 조치가 필요하고, 어떤 지역에는 감염병 예방이 더 시급한지 판단하게 됩니다. 이 과정은 단순한 통계가아니라, 사람들의 건강을 지키기 위한 근거가 됩니다. 이렇게 데이터를 모으고 분석하는 일이 결국 맞춤형 대응으로 이어집니다.

이미 해외에서는 건강 분야의 기후 적응이 정책의 핵심으로 떠오르고 있습니다. 유럽연합은 '적응전략 2030'을 통해 전체 예산의 30% 이상인 6580억~7500억 유로(약 1,060조~1,208조)를 기후 관련에 쏟기로 했고 한국도 2024년 '기후건강종합대책'을 수립해 2030년까지 8조 5000억 원을 투자하기로 했습니다. 냉방 설비 보강, 이동식진료 차량 확충, 감염병 대응 연구 개발 등이 주요 과제입니다.

이 모든 변화의 바탕에는 과학이 있습니다. IPCC 제6차 보고서에 따르면, 지구 평균기온 상승을 1.5도로 제한할 경우 연간 기후 관런 사망자는 25만 명, 2도일 경우 29만 명까지 증가한다고 전망했습니다. 하지만 동시에 탄소 배출 감축과 적응 전략이 함께 실행된다면, 2070년부터는 기후 관련 사망이 감소할 수 있다는 분석도 함께 제시됐습니다. 도심에 조성된 녹지, 재생 에너지로의 전환, 대기질 개선은 모두 건강상의 편익과 직결되는 요소이지요.

우리 개인이 일상에서 할 수 있는 일도 의외로 많습니다. 가능한 외출 시간을 아침이나 저녁으로 조정하는 것, 에어컨 온도를 26도로 설정하고 선풍기를 함께 사용하는 것, 지역 보건소의 쉼터 정보를 미리 알아두는 것까지, 모두 작지만 중요한 준비입니다.

기후가 변하면 날씨만 바뀌는 것이 아닙니다. 몸의 리듬도, 마음의 안정도 함께 흔들립니다. 그리고 기후 붕괴가 심화될수록 인류의 건강에 대한 위협은 더욱 심각해질 겁니다. 하지만 지금부터라도 준비하면 충분히 막을 수 있습니다. 과학은 그렇게 말하고 있습니다. 우리의 건강을 위해 반드시 신경 써야 할 가장 중요한 환경 요소 중 하나, 바로 기후입니다.

기후 때문에
우울증에 걸리는 이들

　기후 변화는 이제 더 이상 환경이나 생태계만의 문제가 아닙니다. 앞서 신체 건강에 집중해서 기후 변화의 영향을 살펴봤다면 이 장에서는 기후 변화가 정신적인 문제를 일으킬 수 있다는 점에 대해서도 살펴보려고 합니다.

　기후 변화는 인간 사회 전반, 그리고 개개인의 정신적, 신체적 건강에 깊숙이 파고드는 복합적 현상으로 자리 잡고 있습니다. 전 세계적으로 빈번해진 극한의 기후 현상, 해수면 상승, 기온 변화, 그리고 생태계 교란은 사람들이 살아가는 방식과 삶에 대한 인식마저 뒤흔들고 있습니다. 이로 인해 개인은 정신적 불안과 스트레스를 호소하고, 사회는 새로운 공중보건상의 위협에 직면했습니다. 이제 기후 변화는 엄연히 인간 정신 건강의 새로운 스트레스 요인으로 떠오르고 있지요.

그래서 이 문제가 어떻게 진행되고, 이에 대해 어떤 대응 전략이 필요한지를 이해하는 것이 매우 중요합니다.

기후 재난이 남긴 마음의 병

기후 재난을 직접 경험한 사람들은 트라우마를 겪을 가능성이 높습니다. 허리케인, 홍수, 산불, 가뭄과 같은 극단적 기후 현상은 단지 주거 환경과 재산을 파괴할 뿐만 아니라, 피해자와 그 지역 공동체에 심각한 정신적 상흔을 남깁니다. 2017년 미국 텍사스주에서 발생한 허리케인 하비를 겪은 지역 주민들 중 약 절반에 해당하는 인원이 PTSD(외상 후 스트레스 장애) 또는 유사한 심리적 고통을 보고한 바 있습니다.

게다가 이런 고통은 시간이 지나도 쉽게 사라지지 않습니다. 2019년 호주 산불 피해자 1000여 명을 대상으로 한 조사에서는 약 23%

가 1년 내 우울증 진단을 받았다는 결과가 나왔습니다. 이는 극단적 기후 현상이 단순히 일시적 스트레스를 넘어 장기적 정신 건강 문제로 이어질 수 있음을 시사합니다.

또한 이러한 기후 재난 후유증은 물리적 상해보다 치유에 훨씬 오랜 시간이 걸릴 수 있습니다. 집과 도시 기반 시설이 복구되고 경제 활동이 재개된다 해도, 당사자들이 경험한 무기력감, 불안, 공포는 심리적으로 사회에 긴 그림자를 드리웁니다. 이런 정신적 후유증은 지역 사회의 통합력을 약화시키고 이로 인해 범죄율 상승, 사회적 관계 악화 등 추가적 사회 문제가 이어질 가능성이 큽니다.

기후 변화로 인해 빈번해진 폭염, 홍수, 한파, 가뭄 등 극한 기상 현상은 신체적 건강뿐 아니라 정신적 안녕에도 악영향을 끼칩니다. 지속적인 폭염은 수면 장애와 집중력 저하를 유발하고, 이는 일상생활의 불편함을 가중시켜 우울증이나 불안장애 발병 위험을 높이는 경향을 보이지요. 당장 열대야에 잠을 이루지 못하고 뒤척였던 경험만 생각해 봐도, 이런 이야기가 결코 과장이 아니라는 것을 알 수 있습니다.

또한 빈번한 홍수나 폭풍 같은 자연재해 상황은 미래에 대한 불확실성과 두려움을 고조시킵니다. 이런 재난에 노출된 사람은 재난이 닥쳤을 때뿐만 아니라, 일상에서 평범한 의사결정을 내리거나 사회적 관계를 유지하는 데에도 어려움을 겪게 됩니다. 특히 기후 변화가 이미 피해를 준 지역에서는 새로운 재난에 대한 공포로 인해 만성적 불안 상태가 발생할 수 있습니다. 매일 밤, 편안하게 몸을 누이고 잠에 들려 할 때조차 '자는 사이에 물이 차거나 집이 무너지면 어쩌지?' 하고 불안해하게 되는 겁니다.

기후 불안에 병드는 청년들

청년 세대가 겪는 '기후 불안climate anxiety', 혹은 '환경 불안eco-anxiety'도 새로운 사회적 현상으로 주목받고 있습니다. 이는 기후 위기로 인해 느끼는 불안감, 특히 미래에 대한 막연한 공포를 말하는데, 젊은 세대일수록 기후 위기의 장기적 파급력에 민감하게 반응합니다. 2021년 랜싯Lancet 저널에 실린 조사에서는 10개국 청년 1만 명 중 59%가 기후 변화가 '매우 혹은 극도로 걱정된다'고 답했습니다. 또한 16~25세 연령층을 대상으로 한 어느 설문조사에서는 응답자의 84%가 기후 변화를 "심각한 우려 사항"으로 꼽았다는 결과가 나왔다고 합니다.

이는 기후 변화가 단순한 환경 문제가 아닌 미래 세대의 삶 전반을 관통하는 불안 요인임을 보여줍니다. 이러한 기후 불안은 교육, 취업, 가정 형성과 같은 인생의 전환점에서 이미 충분한 스트레스와 압박감을 받고 있는 청년들에게 심리적 부담을 가중시킵니다. 그리고 나아가 이들의 생산성과 창의력, 개인적인 성장 잠재력까지 억누르는 요인으로 작용할 수 있습니다. 고생고생하며 살아봤자 어차피 지구는 멸망할 텐데, 뭐 하러 열심히 사느냐는 식의 사고방식을 가지게 되는 탓이죠.

기후 위기에 대한 불안은 단순히 심리적 반응에 그치지 않고 사회적 행동 양상을 변화시킵니다. 일부 청년들은 환경단체 활동, 기후정책 시위, 윤리적 소비 등 다양한 실천을 통해 불안을 극복하고자 합니다. 그러나 또 다른 청년들은 이러한 불안을 극복하지 못하고 우울감, 무기력, 탈진 상태에 빠집니다. 이는 결국 사회 전반의 역동성을 떨어뜨리고 공동체 정신을 훼손할 수 있습니다.

거대한 불안을 이겨내는 법

'기후 변화'라는 새로운 위기에 직면한 공중보건 체계는 아직 충분한 대비 태세를 갖추지 못한 상황입니다. 예산 및 자원 부족, 노후화된 인프라, 전문 인력 부족 등 다양한 요인이 기후 변화에 따른 신체 및 정신 건강 문제 대응을 가로막고 있습니다. 예를 들어, 폭염 대응을 위한 냉방 시설 확충, 에너지 빈곤층을 위한 지원 확대, 전염병 확산 예방을 위한 모기 방제 시스템 개선, 정신 건강 상담 및 지원 인프라 확충 등의 대비책은 사회에 자리 잡기는커녕 아직 걸음마 단계에 머무르고 있습니다.

특히 정신 건강의 경우 기후 변화로 인한 불안, 우울, PTSD 등 문제를 해결하기 위한 심리상담 서비스나 지역 커뮤니티 기반의 지원 프로그램은 충분히 확보되지 않은 상태입니다. 이로 인해 많은 사람들이 기후 위기로 인한 정신적 부담을 혼자 짊어져야 하고, 이는 결국 사회 전체의 복원력resilience을 약화시킵니다.

이러한 문제들을 해결하기 위해서는 다각적인 접근 전략이 필요합니다. 우선, 기후 변화를 완화하고 적응하는 장기적 정책이 필수적입니다. 이는 온실가스 감축, 재생 에너지 확대, 지속 가능한 도시 계획 등을 통해 기후 위기가 심화되는 속도를 늦추는 것을 의미합니다.

이와 동시에, 현재 이미 발생하고 있는 기후 영향에 대비해 재난 대응 훈련 강화, 의료·심리 지원 인프라 정비, 예방접종 및 전염병 감시 체계 개선, 환경교육 확대 등을 통해 사회 복원력을 높이는 전략이 필요합니다.

앞서 말한 방법과 같이 기후 변화에 맞서 행동하고, 그 여파에 사회가 흔들리지 않도록 버팀목을 단단히 세워두는 것은 실질적인 위협을 제거하여 불안을 없애는 방식입니다. 하지만 이미 마음속에 뿌리내린 불안을 다루기 위해서는 정신 건강 지원 서비스의 확대 및 접근성 개선이 중요합니다. 기후 불안을 겪는 청년을 비롯한 모든 계층의 시민들이 전문가 상담, 그룹 치료, 온라인 기반 심리 지원 서비스를 쉽게 이용할 수 있도록 해야 합니다. 아울러 대중매체, 지역사회, 교육기관을 통해 기후 심리 교육을 진행하고 인식을 제고함으로써 사람들이 자신의 불안과 스트레스를 보다 건강한 방식으로 관리할 수 있도록 도와야 합니다.

기후 변화는 단순히 생태계 변화나 경제적 비용 증가의 문제를 넘어, 개인의 정신 건강 및 사회 안정성에까지 영향을 미치는 총체적 도전 과제입니다. 극단적 기후 현상으로 인한 트라우마, 폭염과 홍수에 따른 우울증과 불안장애, 전염병 확산, 그리고 청년 세대가 겪는 기후 불안은 지속 가능한 미래를 위해 반드시 해결해야 할 주요 현안입니다.

이를 위해서는 기후 변화 적응 및 완화 정책, 공중보건 인프라 강화, 정신 건강 지원 체계 확충, 그리고 각계각층의 적극적 협력과 참여가 필수적입니다. 당장 결과가 눈에 보이지 않는다 해도, 이러한 노

력을 통해 우리는 기후 변화 시대에 맞설 집단적 회복력과 심리적 안
정을 확보할 수 있을 것입니다.

CLIMATE BREAKDOWN

2부

기후와 사회

기후 변화가
헌법을 바꿀 수 있을까

한국의 기후 소송

기후 변화가 우리의 일상과 법적 체계에 미치는 영향은 점점 더 명확해지고 있습니다. 특히, 한국에서는 최근 몇 년간 환경단체와 시민들이 나서서 정부의 기후 변화 대응 정책이 불충분하다며 법적 조치를 취하고 있습니다. 이 중에서도 특히 주목받는 것은 기후 헌법 소송입니다. 이 소송은 "정부가 정한 온실가스 감축 목표와 정부의 노력이 기후 위기 대응에 충분치 않아 환경권, 생명권, 건강권 등을 침해한다"는 취지로 일반 법원도 아닌 헌법재판소에 제기되었습니다. 기후 변화 때문에 국가의 기틀과 다름없는 헌법을 고칠 수 있다는 말일까요?

조금 더 자세히 살펴보면, 한국의 기후 소송은 지난 2020년 처음 제기되었습니다. 청소년 기후 행동 활동가 19명이 문재인 정부의 소극적인 대응을 근거로 헌법 소원을 제기했습니다. 이들은 기자회견을 통해 "우리가 기후 위기의 가장 큰 피해자이며, 정부의 소극적인 대응이 우리의 미래를 위협하고 있다"고 강조했습니다. 지금 당장 기후 변화 대응에 대한 강력한 조치를 요구하지 않으면, 살기 힘든 미래를 마주할 것이라며 기후 행동의 시급성을 이야기했습니다.

이듬해에는 환경단체연합과 기후위기비상행동 등 시민 123명이 참여한 시민 기후 소송이 제기되었습니다. 이들 역시 기자회견에서 기후 변화로부터 우리 국민과 후손의 생명권을 지키기 위해 정부에 책임을 물을 것이라 말했지요. 또한, 환경단체연합은 국가가 기후 위기에서 국민을 보호할 의무가 있다는 점을 언급하며 이를 소홀히 하는 것은 헌법을 위배하는 행위라고 강하게 주장했습니다.

2022년에는 영유아 62명의 이름으로 제기된 아기 기후 소송이 주목을 받았고, 뒤이어 2023년에는 '정치하는엄마들'이 제기한 기후 소송이 이어졌습니다. 두 소송의 공통점은 바로 자신들의 목소리를 낼 수 없는 아이들 대신, 아이들의 권리와 안전을 위해 나섰다는 점이었습니다. 특히 정치하는엄마들은 기자회견에서 "정부는 더 이상 미룰 수 없는 기후 위기 대응에 나서야 하며, 우리의 아이들이 살아갈 미래를 위해 지금 행동해야 한다"고 목소리를 높였습니다. 사실 현대를 살아가는 부모의 입장에서는 기후 변화로 인해 아이들이 건강과 생명을 위협받는 것이 가장 걱정일 텐데요. 이 점을 들어 기후 위기에 대한 적극적인 대응을 촉구한 것입니다. 정리하자면, 이 모든 기후 소송은 국민의 안전할 권리를 보장하라는 요구인 것이지요.

기후 소송의 진행 과정

기후 소송에 대한 변론은 소송 제기 4년 만에 시작되었습니다. 이 과정에서 헌법재판소는 정부와 청구인 간의 입장 차이를 명확히 하고, 양측이 제출한 증거와 주장을 심도 있게 검토했습니다.

먼저 청구인 측 변호사인 윤세종 변호사는 기후 변화가 단순히 환경 문제가 아니라, 우리의 생명권과 건강권에 직결되는 사안임을 말하며 정부의 대처가 미흡하다는 점을 지적했습니다. 정부의 온실가스 감축 목표가 과학적 근거 없이 설정된 데다가 그 목표에 기후 변화의 심각성이 반영되어 있지 않다는 점 역시 함께 비판했습니다.

이에 대해 정부 측 변호사는 "가능한 자원을 최대한 동원하여 기후 변화 대응에 최선을 다하고 있으며, 국제적인 협력이 필요하다"고 반박했지만, 청구인 측 참고인으로 나선 박덕영 연세대 교수 역시 우리나라 정부에 대한 날카로운 비판과 조언을 이어갔습니다.

박덕영 교수는 우선 우리나라가 선진국으로서 온실가스 배출 책임을 져야 한다고 강조했습니다. 파리협정에 담긴 주요 원칙 중 온실가스의 배출량이나 배출 책임이 크고 기후 변화 대응 역량이 강한 국가는 더 큰 역할을 해야 한다는 '공동의 그러나 차별화된 책임의 원칙CBDR'을 언급하며, 한국이 GDP당 온실가스 배출량이 OECD 상위권이며 누적 배출량 역시 세계 17위라는 점을 들어 여러모로 솔선하여 기후 변화의 책임을 져야 하는 입장임을 다시금 상기시켰지요.

또한 "감축 목표를 조정하면 산업계 부담이 심각하다"는 정부의 주장에는 마이크로소프트의 예시를 들어 반박했습니다. 마이크로소프트는 100% 재생 에너지로 생산된 제품이 아니면 구매하지 않겠다고 선언한 바 있습니다. 그래서 박 교수는 우리 기업들이 재생 에너지로 제품을 만들지 않으면 수출길 자체가 막힐 우려가 있다고 설명했지요. 그렇기에 정부가 나서서 산업계 탄소 배출 목표치를 높이면 오히려 기술 혁신을 촉진하게 될 것이라고 주장했습니다. 탄소 배출이 적은 제품을 생산하는 방법을 개발하도록 장려하면 우리 산업이 세계로 나아갈 수 있는 기회가 될 수 있다는 것이지요.

또한 정부 측은 감축 목표에 과학적 근거가 없다는 지적에 맞서, 기후를 악화시키지 않는 선에서 배출 가능한 전지구적 탄소 예산을 각 국가에 얼마나 배분할 것인지 국제적으로 합의되지 않아 국가 탄소 예산을 계산할 수 없다고 밝힌 바 있습니다. 즉, 한국이 배출해도 되는 탄소량이 정확히 얼마인지 계산할 수 없으니 아예 계산하지 않겠다는 것입니다. 이에 박 교수는 기후 위기로부터 국민의 기본권을 충분히 보호하려면 1.5도 목표를 달성하기 위해 국제적 원칙과 기준에 따라 2030년 국가 감축 목표를 설정해야 한다고 강조했습니다. 우리 정부가 단순히 기후를 '해치지 않는' 수준에 머무르는 것이 아니라, 기후를 '지키는' 선택을 해야 한다는 겁니다.

정부 측 참고인으로는 유연철 유엔글로벌콤팩트 한국협회 사무총장(전 외교부 기후변화대사)이 출석했습니다. 유연철 사무총장은 우리 정부가 2030년 배출량을 2018년 대비 40% 줄인다는 상향 목표를 정했다며, 이러한 목표는 다양한 사회 구성원의 의견을 종합해 '사회적 합의'를 도출하려 노력한 결과라고 주장했습니다. 또한 탈탄소가 어렵다고 평가받는 철강, 시멘트, 석유화학 산업이 주요한 위치를 차지하는 우리나라 산업계의 특성을 들어, 빠른 시간 내에 사회 구조를 바꿀 수 없다는 점을 밝히기도 했습니다. 기후 변화는 긴 호흡을 갖고 봐야 하는 문제로, 2050년까지 더 높은 감축 목표를 세워 이행할 수 있으니 당장 2030년 감축 목표에 대해 사법적 판단을 내리는 것은 신중할 필요가 있다고 주장했습니다.

소송을 제기한 측에서 정부를 상대로도 이토록 침착하고 논리정연한 주장을 할 수 있었던 것은 소송이 제기된 이후 4년 동안 다양한 노력을 기울여 왔기 때문입니다. 먼저, 소송의 타당성을 입증하기 위해 합리적 근거를 준비했습니다. 국내외에서 기후 변화와 관련된 학술 연구 결과를 확보하고, 과학적 근거를 제시하는 데 집중했습니다. 청구인들은 기후 전문가들과 협력하여 보고서를 작성하고, 관련 데이터를 수집했지요.

그러면서도 국내외 다양한 기후 변화 관련 단체들과 연대하여 국제적인 지원까지 끌어냈습니다. 한국의 기후 소송에 세계의 주목을 집중시키기 위해, 유엔기후변화회의COP와 같은 주요 국제 회의에 참가하여 한국의 기후 소송 사례를 발표하고, 다른 국가의 기후 활동가들과 연대했습니다. 이렇게 국제 사회의 지지를 얻고, 기후 소송의 중요성을 강조하는 데 성공했습니다.

국내에서는 언론과의 적극적인 소통을 통해 국민들에게 기후 소송의 필요성을 알리고 관심을 집중시키는 데 힘썼습니다. 언론 인터뷰와 기고문을 통해 기후 소송의 배경과 진행 상황을 공유하며, 기후 위기가 개인의 권리와 헌법적 권리와 어떻게 관련되는지를 국민들에게 설명했지요. 이렇게 청구인들은 한국 사회 내에서 기후 문제에 대한 관심을 높이고, 정부의 책임을 묻는 사회적 기반을 마련할 수 있었습니다.

소송 청구인들은 준비한 대로 헌법재판소에 지구 온난화가 우리 세대 혹은 다음 세대에 얼마나 영향을 미치는지를 설명했습니다. 특히 기후 변화로 인한 아동 및 청소년의 기회가 박탈된다는 점에 대해 강조했지요. 이는 특히 기후 변화의 장기적인 영향을 감안할 때 미래 세대의 삶의 질과 권리에 직접적인 영향을 미친다는 점에서 큰 관심을 받았습니다.

특히 한국의 온실가스 감축 목표는 남아있는 탄소 예산을 과도하게 소진하여 2030년 이후를 살아갈 세대에게 막대한 감축 부담과 기후 변화 피해를 떠넘겨 미래 세대의 평등권을 침해합니다. 여기서 탄소 예산은 단순한 금전적 의미가 아닌, 지구 온난화를 특정 온도 목표 이내로 제한하기 위해 앞으로 배출할 수 있는 이산화탄소의 총량을 의미합니다.

이 개념은 기후 변화에 대응하여 과학적 근거를 바탕으로 한 정책

결정을 할 때 중요한 도구로 쓰입니다. 특히 파리 기후 협약과 같이 여러 나라가 공동의 목표를 정할 때, 온도 상승을 산업화 이전 수준과 비교해 1.5도에서 2도 이내로 제한하기 위한 목표를 설정하는 데 중요한 역할을 해 왔습니다. 그러나 정부 측에서는 탄소 예산은 국가적으로 사용되고 있는 단위가 아니며 법적 의무로 규정되지 않았다는 입장을 고수하고 있습니다.

아무래도 기후 관련 소송은 처음이기 때문인지, 재판 현장에서 헌법재판관들은 기후 소송에 큰 관심을 가지며 양측에 많은 질문을 쏟아냈습니다. 정정미 재판관은 "2030년 이후 목표에 대한 법령이 없으면 혼선이 발생하지 않겠느냐"고 물었고, 이미선 재판관은 2030년에서 2050년까지의 감축 목표량을 설정하는 것이 타당하지 않겠느냐고 질문했습니다. 이 모든 질의는 청구인 측 주장에 대한 정부의 헌법 준수 여부를 캐묻는 것이었지요.

반대로 청구인 측에 과학적인 근거를 요구하는 목소리도 있었습니다. 김기영 재판관은 청구인 측에 파리협정이 어디까지나 각국의 자발적 목표 설정을 전제하고 있다는 점을 언급하며, 정확히 합의되지 않은 개념인 '탄소 예산'을 근거로 정부의 감축 목표 설정이 위헌이라고 볼 수는 없지 않느냐고 물었습니다. 하지만 청구인 측은 단순히 국가가 온실가스 감축 목표를 제출해 탄소를 일부 감축했다는 것만으로 헌법에 따른 보호의무를 충실히 지켰다고 볼 수는 없다고 답했습니다. 그보다는 그 목표가 정말로 지구 온도 상승을 막을 수 있는지 살펴봐야 한다고 말했지요.

첫 기후 소송의 판결과 의의

결국 2024년 8월 29일, 국내 첫 기후 헌법 소송 제기 이후 4년 5개월 만에 정부의 기후 대응이 일부 헌법에 어긋난다는 기념비적인 판결이 나왔습니다. 헌법재판소는 한국 정부의 기후 위기 대응을 위한 탄소 중립·녹색성장 기본법 제8조 제1항이 헌법에 합치하지 않는다고 판결했습니다. 해당 조항은 정부가 국가 온실가스 배출량을 2030년까지 2018년 배출량 대비 35% 이상의 범위에서 대통령령으로 정하는 비율만큼 줄이는 것을 우리나라의 중장기 온실가스 감축 목표로 한다는 내용이었지요.

헌재는 정부가 이 조항에서 2030년 이후 감축 목표에 대해서는 명확한 정량적 기준을 제시하지 않은 점에 주목했습니다. 2050년 탄소 중립 목표 시점까지 점진적이고 지속적인 감축을 실질적으로 보장해 줄 장치가 부족하다는 것이었지요. 헌재는 이러한 점에서 해당 조항이 "미래에 과중한 부담을 떠넘긴다"며 "기본권 보호 의무를 위반했으므로 청구인들의 환경권을 침해한다"고 판결했습니다. 정부의 대응이 기후 위기를 막기에 충분하지 않으며, 이 때문에 국민들이 위협받고 있다는 점을 인정한 것이지요.

판결 이후, 청소년 기후 소송의 청구인인 한제아 양은 헌법재판소 앞에서 미래 세대라고 불리지만 지금 이 시대에 살아가고 있는 이 세상의 일원인 청소년들이 기후 위기에서 안전하고 행복하게 살아갈 권리가 있다고 말했습니다. 한제아 양은 소원이 이뤄진 것처럼 기쁘고 뿌듯하다고 말하며, 자신과 같은 아이들이 기후 위기에 대해 얼마나 걱정하고 있는지 보여주고 싶었다고 말했습니다. 또 청소년 기후 소송의 또 다른 청구인인 김서경 씨는 기후 헌법소원의 위헌 판결이 기후 위기에서 우리에게 보호받을 기본권이 있는 것이라며 눈물을 흘리기도 했어요. 또한 환경단체와 청구인 변호인단은 이번 판결에서 일부 사안이 기각된 점에 대해 아쉬움을 표하면서도, 헌재가 기후 변화에 대한 대응이 기본권의 문제라는 점을 인정한 것에 만족했습니다.

이번 판결을 통해 헌법재판소는 기후 위기로 인해 미래 세대가 지게 될 부담을 분명히 인식했습니다. 또한 정부가 '과소보호금지 원칙'을 위반했다는 점을 명확히 했습니다. 과소보호금지 원칙이란 국가가 국민의 기본권을 보호하기 위해 적절하고 효율적인 최소한의 보호조치를 취했는지를 판단하는 기준입니다. 즉 기후 위기에 단호히 대응하지 않는 것은 국민의 기본권을 보호하기 위한 최소한의 조치도 하지 않는 태도라는 뜻입니다.

이번 판결에 따라 정부는 2026년 2월까지 새로운 기후 대응 대책을 수립하고, 더 강력하고 구체적인 온실가스 감축 목표를 제시해야 합니다. 이는 단순히 법적 조치를 넘어서서 미래 세대에 대한 책임을 명확히 하고, 현재 세대가 감당해야 할 부담을 결정한다는 중요한 의미를 지닙니다.

한국의 기후 헌법 소송이 국제적으로 가지는 의미는 매우 큽니다. 한국의 소송은 단순히 국가 내부에서의 정책 변화를 요구하는 것에 그치지 않고, 전 세계적인 법적 선례를 제시했습니다. 한국의 사례는 국제 사회에서 기후 변화에 대한 법적 대응이 꼭 필요한 일이라는 것을 보여줍니다. 기후 위기를 헌법적 권리로 다룰 수 있는 가능성도 제시했지요. 이로 인해 다른 국가들도 자국의 헌법을 바탕으로 기후 위기에 대응할 법적 수단을 모색하게 만들며 국제적인 기후 행동을 촉진하고 있습니다.

특히 한국의 기후 헌법 소송은 아시아에서 기후 문제에 대한 법적 대응을 처음으로 본격화한 사례라서 그 파급력이 더욱 주목받고 있습니다. 한국의 소송이 성공적인 결과를 얻은 덕에 다른 아시아 국가들이 비슷한 방식으로 정부의 기후 정책에 대해 도전할 수 있는 법적 근거와 동기가 마련된 것입니다. 이는 아시아 전역의 기후 정책 강화와 기후 행동의 촉진으로 이어질 수 있으며, 결과적으로 글로벌 기후 목표 달성에 중요한 역할을 하게 될 것입니다.

앞으로도 한국의 기후 헌법 소송 헌법 불합치 판결은 큰 사회적, 법적 영향을 미칠 것입니다. 이번 위헌 판결은 정부의 기후 변화 대응이 미래 세대의 헌법적 권리를 충분히 보호하지 못하고 있다는 것을 인정한 것이기 때문이지요. 따라서 국민을 보호할 의무를 지니고 있는 정부와 국회는 즉각적인 행동을 취해야 합니다.

우선, 기후 변화 대응을 위한 법적 체계를 강화하고, 온실가스 감축 목표를 보다 명확한 목표로 다시 설정해야 합니다. 국회는 기후 위기 대응을 위한 입법을 빠르게 추진하고, 이를 통해 탄소 중립 기본법을 개정하거나 강화해야 합니다. 소송의 쟁점이 되었던 탄소 예산도 빠트릴 수 없지요. 정부는 그간 배제해 왔던 탄소 예산의 개념을 도입하여 이를 국가 정책에 반영하고, 국제사회와 협력하여 보다 엄격한 기후 목표를 설정해야 합니다.

중앙정부와 지방정부가 협력하여 기후 대응책을 마련하는 것도 중요합니다. 재생 에너지 시설을 늘리고, 에너지 효율 개선, 기후 적응력 강화 등을 위해 구체적인 계획을 마련하고 실행해야 합니다. 이 과정에서 시민들과 더 자주, 더 많이 소통하고, 기후 변화에 대해 적극적으로 교육하고 홍보하며 국민들의 참여를 독려하는 것도 중요합니다. 이러한 노력은 국가적 차원에서 보다 효과적으로 기후 위기에 대처하는 데 중요한 바탕이 될 것입니다.

기후와 정치의 관계

살면서 지난 2024년 12월에 일어난 일을 다시 겪을 일이 있을까요? 정치적 견해를 차치하더라도, 계엄 사태는 기후 대응의 새로운 전환점이 됐습니다. 단순히 윤석열 전 대통령이 물러나며 정치적·법적 판단을 받게 되는 데서 그치지 않습니다. 모든 문제를 기후나 환경 관점에서 보는 기후환경전문기자의 입장에서 이러한 변화는 곧 기후 대응의 변화이기도 하기 때문입니다.

정권의 변화가 곧 기후 대응 방향의 변화를 뜻한다는 사실은 문재인 정부와 윤석열 정부만 비교해 봐도 분명하게 나타납니다. 이러한 비교를 통해 우리는 각 정치 진영의 기후 문제에 대한 인식 차이를 확인할 수 있습니다. 독일과 같은 나라처럼, 기후 문제를 최우선 의제로 여기며 '녹색당'이 집권당이 되지 않는 이상, 일단은 한국 정치 체제가 양당 체제, 혹은 조국혁신당이나 개혁신당의 등장과 함께 (그럼에도 결국 보수와 진보 진영으로 갈리는) 2~4당 체제로 변화할 가능성이 큽니다. 그렇기에 이러한 비교가 더욱 필요하지요.

기후를 바꾸는 정치

우선 진보 계열로 꼽히는 문재인 정부는 '재생에너지 3020 이행 계획'을 중심으로 한 에너지 전환 정책을 추진했습니다. 이 계획의 주된 목표는 2030년까지 재생 가능 에너지를 통한 전력 생산 비중을 20%로 늘리는 것이었죠. 문재인 정부는 이 목표 달성을 위해, 태양광과 풍력과 같은 재생 에너지원의 개발 및 보급을 적극적으로 확대했으며, 석탄 발전소의 신규 건설을 중단하고 기존 석탄 발전소의 운영도 점차 줄여 나갔습니다. 더불어 원자력 발전에 대해서도 새로운 원전 건설을 중단하고, 기존 원전의 운영 종료 시기를 앞당기는 등의 조치로 환경 친화적인 에너지 정책을 추구했지요.

반면, 보수 계열인 윤석열 정부는 에너지 정책의 방향을 조정하면서, 보다 실현 가능하고 합리적인 에너지 믹스(전력 사용량의 급증에 대응하여 에너지 생산 방식을 다원화하는 것)의 재정립을 목표로 삼았습니다. 특히, 문재인 정부와 달리 원전의 비중을 늘리는 방향으로 정책을 전환하였고, 이를 위해 2030년까지 전력 믹스에서 원전의 비중을 30% 이상으로 확대하겠다고 발표한 바 있지요.

이는 원전의 안전성을 확보한 상태에서 신한울 3, 4호기의 건설을 재개하고, 고준위 방폐물 처분을 위한 특별법을 마련하는 등 구체적인 조치를 포함했습니다. 재생 에너지의 경우, 보급 여건을 고려하여 새로운 보급 목표를 설정하고 각 에너지원에 맞는 적정 비중을 정립할 계획을 세웠지요.

또한 자원안보특별법을 제정하여 보다 선제적이고 종합적인 자원안보 체계를 구축하고자 했습니다. 재생 에너지를 포함해 전반적인 에너지 공급망을 강화하고, 에너지 수요의 효율화 및 시장 구조를 시장원리에 기반하여 확립하는 것을 목표로 했죠. 이러한 접근은 자원 및 에너지의 안보와 안정성 확보에 중점을 두며, 동시에 민간 주도로 해외 자원개발 산업의 생태계를 회복하려는 계획이었습니다.

이처럼 문재인 정부와 윤석열 정부 사이의 에너지 정책 변화를 살펴보면, 기후 변화 대응 및 에너지 정책에 대한 국가적 접근 방식이 어떻게 변하고 있는지 명확하게 이해할 수 있습니다. 문재인 정부가 재생 에너지의 확대와 탈탄소화에 중점을 뒀다면, 윤석열 정부는 에너지 안보와 원전의 비중 확대에 더욱 초점을 맞추었습니다. 이러한 정책 전환은 국제적인 기후 변화 대응 노력과 함께, 각국의 에너지 수요, 경제적 상황, 기술 발전 등 다양한 요소를 반영한 것입니다. 기후 대응이 단순한 환경 문제를 넘어 경제, 안보, 사회적 수용성 등을 고려해야 하는 복합적인 과제임을 잘 보여주는 부분이지요.

한편 일단 원외정당이 된 민주노동당(구 녹색정의당)의 행보도 눈여겨볼 필요가 있습니다. 민주노동당은 기후 위기 대응을 최우선 과제로 삼고 있으며, 이를 위해 노동자 중심의 기존 활동 방향을 확대했습니다. 특히 녹색정의당 시절 대기과학자인 조천호 전 국립기상과학원장을 영입 인재로 받아 기후 변화 연구와 정책 개발이라는 역할을 맡겼습니다. 경북 안동 지역에서 녹색당 활동을 했던 허승규 전 녹색정의당 부대표, 녹색정의당 마포갑 후보로 출마하며 기후 위기 해결을 위한 정치적 역할을 다짐했던 김혜미 전 후보 등도 눈여겨볼 만합니다.

이들이 당선만을 목표로 했다면 거대양당의 일원으로 참여하는 게 더 빨랐을지도 모릅니다. 그러나 기후 전문가의 민주노동당 참여는 민주노동당이 보다 과학적 근거에 기반한 기후 위기 대응 정책을 제시하지 않겠냐는 기대감을 주기도 합니다. 실제로 이들은 재생 에너지 확대, 탄소 중립 사회로의 전환, 그리고 에너지 민주주의 실현 등의 공약으로 주류 정당의 정책과 차별화를 시도합니다. 특히 기후 정의와 사회적 변화를 강조하고 있습니다. 기후 변화가 경제적, 사회적 불평등을 심화시키는 문제라는 인식을 바탕으로, 보다 정의롭고 지속 가능한 사회를 만들기 위한 구체적인 정책을 제시하고 있는 것입니다.

이재명 정부의 기후 대응 방식

2025년 6월, 이재명 대통령이 취임하며 다시 진보계 정부가 들어섰습니다. 이 대통령은 후보 시절 내놨던 기후 공약을 토대로 탄소 중립을 이끌 것으로 보입니다. 이재명 대통령은 재생 에너지 확대에 다시 무게를 두고 있는데요. 특히 전남 해남군에 조성 중인 '솔라시도' 기업도시는 이런 정책 방향의 상징적인 사례입니다. 솔라시도는 국내 최고 일사량과 풍속을 바탕으로 태양광·풍력 발전 여건을 갖추고, AI 데이터센터 등 첨단 산업과 연계한 'RE100' 기반 도시 모델로 주목받고 있습니다. RE100란 2014년 더 클라이밋 그룹The Climate

Group과 CDP탄소정보공개 프로젝트가 주도해 시작된 글로벌 이니셔티브로, 한국에서는 재생 에너지 전환의 대명사처럼 쓰이는 말입니다. 또한 이 대통령은 해남 솔라시도에 AI 슈퍼클러스터 허브와 '재생 에너지 연계 에너지 고속도로'를 구축할 것을 공약으로 내세웠습니다. 이로 인해 변전소·송전선로 등 에너지 인프라가 더욱 빠르게 구축될 것이라 기대됩니다.

아울러 대통령직 인수위원회 성격의 국정기획위원회는 2030년까지 서해안 중심으로 20GW 규모의 해상풍력 단지를 설치하고, 이를 전국 단위의 전력망에 연결하고, 향후 궁극적으로는 다른 국가와도 전력을 주고받는 '에너지 슈퍼그리드'로 연결하는 방안을 검토하고 있습니다. 송전망 확충과 더불어, 특정 에너지원에만 의존하지 않는 분산형 에너지 체계 구축을 통해 지역 경제와 재생 에너지 산업을 함께 키우려는 방향이지요. 이를 뒷받침하기 위해 기후에너지부 신설과 재생 에너지 전담 조정기구 설치도 논의 중입니다. 이런 사례는 재생 에너지 확대 문제에 있어, 단지 발전 비중 목표뿐 아니라 지역 산업 및 기반시설과 결합해 국토 균형 발전까지 고려하는 이재명 정부의 인식을 보여줍니다. 정권에 따라 기후 대응 정책의 방향이 이렇게나 달라진다니, 흥미롭지 않나요?

기후 변화와
국제 정치

협력보다 경쟁을 택하는 나라들

기후 문제는 지구상의 모든 국가가 연관된 모두의 공통 과제입니다. 그렇다면 지구상의 여러 나라가 주체로서 참여하는 국제 정치에서, 기후 문제는 어떻게 다뤄지고 있을까요? 최근 기후 변화 대응을 위해 국제사회가 마련한 가장 대표적인 합의는 2015년 체결된 파리협정입니다. 세계 각국은 이 협정을 통해 지구 평균 기온 상승 폭을 산업화 이전 대비 2℃ 이하, 나아가 1.5℃ 이하로 제한하기 위해 온실가스 감축 목표NDC를 제출하고 이행하기로 약속했습니다. 하지만 이런 약속들은 국가 간 경제력, 정치적 우선순위, 에너지 안보 전략, 산업 구조에 따라 이행 속도와 강도가 크게 달라지고 있습니다. 그래서 파리협정 이후 몇 년이 지났음에도, 온실가스 배출 상위권 국가들은 서로 상대방의 감축 의지와 정책 투명성을 의심하고 있습니다. 또한 기후 대응 비용과 책임 분담 방식을 둘러싼 의견 충돌 역시 좀처럼 해소되지 않고 있지요.

특히 미국과 중국은 기후 변화 문제를 둘러싼 국제정치 무대에서 복합적 경쟁 구도를 형성하고 있습니다. 미국은 전 트럼프 행정부 시절인 2020년 파리 기후 협정을 탈퇴했습니다. 트럼프 대통령은 2017년 6월 "미국의 일자리와 경제를 해친다"고 주장하며 파리협정 탈퇴를 시사했고, 2019년 11월 유엔에 탈퇴를 통보, 2020년 11월 공식적으로 기후 대응에서 손을 뗐습니다. 온실가스 최대 배출국이었던 미국이 빠지면서 국제 사회의 감축 목표 협상과 개발도상국에게 지원할 기후 재원 논의는 제 속도를 잃었고, 유럽연합과 중국이 공백을 메우려 했지만 기후 대응에 대한 국제사회의 신뢰 자체가 크게 흔들리는 계기가 됐습니다.

그리고 2021년, 바이든 전 대통령이 취임하며 파리협정 복귀를 지시합니다. 같은 해 2월 미국은 다시 당사국이 됐고, 2030년까지 2005

년 대비 온실가스 50~52% 감축 목표를 제출했습니다. 이어 3690억 달러 규모 인플레이션감축법으로 재생 에너지·전기차 투자를 확대하며 미국이 '기후판'에 다시 돌아온 걸로 보였지요. 유엔기후변화협약 당사국총회COP에서 탄소 감축과 메탄 저감, 기후 금융 협상을 주도하며 '미국의 복귀' 메시지를 국제 사회에 반복하여 알렸습니다. 그러나 미국의 정치적 상황에 따라 언제든 정책이 바뀔 수 있다는 불안은 완전히 사라지지 않았죠.

그리고 2025년 1월, '기후 악당'으로 불리는 트럼프 대통령이 재취임하며 우려는 현실이 됐습니다. 그는 다시 파리협정 탈퇴를 지시했고, 미국은 큰 변수가 없는 한 2026년 1월 당사국 목록에서 다시 공식 이탈할 예정입니다. 이 기간 동안 미국을 포함한 전 세계의 감축보고 의무나 기후 재정 공약 이행은 느슨해질 가능성이 큽니다. 불확실성이 높아졌기 때문입니다. 약속을 한 번 빼먹었을 때야 미안하다는 말로 넘어갈 수 있을지 모르겠지만, 두 번째부터는 진정성이 의심받을 수밖에 없겠지요. 트럼프 2기 행정부는 '에너지 독립'과 '산업경쟁력'을 앞세워 석유·가스 규제를 완화하고 국제 기후기금 출연을 대폭 줄일 예정입니다.

중국은 미국이 자리를 비운 사이 생긴 틈새를 집요하게 파고들고 있습니다. 물론 이 상황을 정치적으로 이용하겠다는 속내도 있겠지만, 그간 '세계의 공장'으로 탄소다배출 국가 오명을 썼던 이미지를 뒤집겠다는 각오가 보입니다. 중국은 전 세계 최대 석탄 소비국이자 배출량 1위 국가로서, 에너지 전환 과정에서 석탄 발전을 대폭 줄이 겠다는 공언을 하면서도 실제 감축 속도는 아직 더딘 편입니다.

양국 간 갈등은 단순히 환경 문제에서 그치지 않고, 기술 패권, 경 제적 우위 확보, 무역 구조 재편을 둘러싼 전략적 계산과 맞물리며 협력보다는 경쟁의 양상을 띱니다. 기후 위기에 대응하기 위해 힘을 합해도 모자란 상황에서, 이러한 미·중간 갈등은 국제사회가 같은 목 표를 향해 나아가는 데 장애물이 되고 있습니다. 이를 지켜보는 중소 국가들 역시 선진국이 제 역할을 다하지 않는 상황에서 신뢰를 잃고 기후 대응에 주저하고 있지요.

기후 변화, 분쟁의 씨앗을 뿌리다

선진국들이 기후 변화 대응을 위해 약속한 재정적 지원 또한 제대 로 이루어지지 않고 있습니다. 선진국들은 기후 변화로부터 취약한 국가들을 지원하기 위해 매년 1,000억 달러 규모의 기후펀드를 조성 하겠다고 선언했습니다. 하지만 실제 이행 금액은 이 목표치에 미치지 못한 상태입니다. 재정 지원의 부족은 재난 대응 및 적응력을 키울 기반이 없는 저소득 국가들에게 치명적입니다. 이들 국가는 이미 식량 안보, 수자원 관리, 보건 인프라 면에서 기후 변화로 인한 충격에 노출되어 있습니다. 그런데 약속된 자금 지원이 충분히 제공되지 않으면서 사전 예방, 재해 발생 시 긴급 대응, 재해 이후 복구 및 재건 등에 필요한 체계적 투자가 어려워지고 있지요. 따라서 재정 지원 문제는 단순한 돈의 문제가 아니라 국제적 신뢰, 형평성, 그리고 장기적 협력 가능성을 좌우하는 핵심 요인으로 떠오르고 있습니다.

게다가 기후 변화가 촉발하는 기본 자원 부족은 국제 분쟁 가능성을 고조시키고 있습니다. 극심한 가뭄, 예측 불가능한 강수량, 해수면 상승, 토지에 염분이 침투하는 문제 등은 농업 생산성과 식량 안보에 직접적으로 영향을 끼칩니다. 이는 고스란히 지역적 긴장과 분쟁의 씨앗이 되기도 합니다. 아프리카의 나일강 유역 분쟁은 이러한 문제를 대표적으로 보여주는 사례입니다. 나일강 상류 지역에 위치한 국가들은 기후 변화로 줄어드는 수자원을 확보하기 위해 댐 건설을 추진하고 있습니다. 하지만 이 때문에 하류 지역 국가들은 기존의 용수 확보 체계를 위협받고 있지요. 이 과정에서 발생하는 국경을 초월한 갈등은 단순한 지역 다툼이 아닙니다. 기후 변화가 국제 정치의 핵심 의제로 부상했다는 사실을 똑똑히 확인시켜 주는 사례입니다.

또한, 해수면 상승과 사막화, 기상 이변은 사람들의 삶의 터전을 빼앗아 기후 난민을 양산하고 있습니다. 세계은행은 2050년까지 약 1억 4,300만 명이 기후 변화로 인한 환경 악화로 현재 살던 곳을 강제로 떠나야 할 수 있다고 전망했습니다. 우리나라 인구의 약 세 배에 달하는 수죠. 이러한 거대한 인구 이동은 단순히 인권의 문제가 아니라, 수용 국가와 지역 공동체가 정치·경제·사회적 부담에 직면함을 의미합니다. 선진국들은 이민·난민 정책을 둘러싼 내부적 갈등을 안고 있고, 개발도상국과 취약 국가들은 유입되는 이주자들을 수용할 인프라와 자원이 부족한 상황입니다. 이로 인해 기후 난민 문제는 공평한 책임 분담, 인권 보호, 국제 난민법 체계 개선 등 복합적 이슈를 동반한 정치 현안으로 부상하고 있습니다.

결과적으로 기후 변화는 단순한 환경 문제가 아니라 국제 정치 무대에서 주요 강대국의 권력 다툼과, 협력 시나리오를 재구성하는 핵심 변수로 작용하고 있습니다. 국가들은 기후 변화 대응을 둘러싼 책임을 서로에게 묻기 위해 역사를 들춰내고, 개발권과 산업화 권리를 주장하며, 재정 지원과 기술 이전을 놓고 줄다리기를 벌이고 있습니다. 이런 상황에서 기후 변화 문제의 해결은 과학적 근거와 환경 보전 의지만으로는 불가능합니다. 다른 나라와의 동등한 협상력, 신뢰를 바탕으로 한 지속적 대화, 그리고 재원 조달에 대한 구체적 성과가 필요합니다.

동시에 기후 변화로 인한 자원 부족 현상과 난민 문제, 지역 갈등은 안보 차원에서 새로운 도전에 직면한 국제 사회를 더더욱 압박하고 있습니다. 이런 상황에서 기후 정책은 국가 안보 정책, 무역 정책, 개발 정책, 인권 정책 등 다양한 분야의 정책과 얽히고 있습니다. 외교 테이블 위는 거래와 균형, 그리고 상호 이익을 모색하는 치열한 장으로 변하고 있지요. 결국, 기후 변화라는 거대한 도전은 국가 간 권력 균형을 다시 써 내려감으로써 국제 정치의 새로운 무대를 열고 있으며, 인류가 앞으로 시급하게 해결해야 할 가장 복합적인 과제로 떠오르고 있습니다.

원자력 발전으로
그리는 미래

원자력 에너지가 주목받는 이유

원자력 발전을 떠올리면 무엇이 생각나시나요? 많은 사람들은 '원전'이라는 단어만 들어도 두려움을 느끼는 것 같습니다. 아마 1986년 우크라이나 체르노빌 원전 사고나 2011년 일본 후쿠시마 원전 사고의 강렬한 기억 때문이 아닐까 싶어요. 이 사건들은 영화나 드라마, 그리고 후쿠시마 원전 폭발 사고 이후 일어난 일을 다룬 『관저의 100시간』과 같은 책을 통해 더욱 널리 알려졌습니다.

앞서 말한 사고들은 의심의 여지 없이 실제로 벌어진 일로, 원자력 발전의 위험성을 부정할 수는 없습니다. 그러나, 그럼에도 많은 에너지 전문가들은 원자력 발전을 현대 사회에서 없어서는 안 될 에너지원 중 하나로 꼽고 있습니다. 그 이유는 무엇일까요?

우선, 원자력은 전력을 안정적으로 공급할 수 있게 해 줍니다. 가격 변동성이 큰 화석 연료에 비해 연료 공급에서의 변수가 적고, 대규모 전력 생산이 가능하여 산업 발전과 일상생활에 필수적인 전력을 안정적으로 제공합니다.

게다가 원자력 발전은 탄소도 거의 배출하지 않습니다. 이는 지구 온난화와 기후 변화에 대응하기 위한 탄소 중립 목표 달성에 큰 도움이 됩니다. 실제로 국제에너지기구[IEA]는 원자력이 탄소 중립을 위한 중요한 수단이라고 강조하고 있습니다. 생산 전력 1kWh당 탄소 배출량을 보면 원전의 탄소 배출량은 12g 수준으로, 48g을 배출하는 태양광 에너지의 25%, 490g을 배출하는 천연가스의 2~3% 수준에 불과합니다. kWh당 820g의 탄소를 배출하는 화석 연료인 석탄과 비교하면 100분의 1 수준까지 떨어지지요.

하지만 아쉽게도 장점이 확실한 만큼, 원전을 제대로 관리하지 않았을 때 생겨나는 위험 역시 큽니다. 특히 앞에서 말한 원전 사고들은 원자력 발전이 정말 안전한지 의문을 품게 합니다. 체르노빌 사고는 운영자의 실수와 설계 결함이 복합적으로 작용한 결과였으며, 후 쿠시마 원전 사고는 지진과 쓰나미라는 천재지변에 대한 대비가 부 족했던 것이 원인이었습니다. 하지만 명확한 원인이 있다 해도 그 피 해가 막대했기에 이러한 사고들은 원자력 발전의 위험성을 부각시켰 고, 이에 대한 관리와 대응의 중요성을 일깨워 주었습니다.

사용 후 핵연료, 어떻게 처리해야 할까

환경단체들은 여전히 원전의 위험성과 방사성 폐기물 처리 문제 를 지적하고 있습니다. 특히, 고준위 방사성 폐기물(열발생량이 커서 특 별한 냉각·차폐와 장기 격리가 필요한 방사성 폐기물)의 안전한 처리는 아 직까지 해결되지 않은 과제입니다. 이러한 폐기물은 수만 년 동안 방 사능을 방출하기 때문에, 이를 안전하게 보관하고 관리하는 것은 매 우 어렵고 중요한 문제입니다.

그럼에도 불구하고, 원자력 발전은 탄소 중립을 추진 중인 전 세 계의 많은 국가들에게 다시 주목받고 있습니다. 더 이상 새로운 원전 을 짓지 않던 국가들마저 다시 원전 도입을 검토하고 있을 정도니까 요. 영국과 프랑스, 핀란드 등 여러 국가들이 탄소 배출을 줄이기 위해 신규 원전 건설을 추진하고 있습니다. 영국은 남서부의 서머싯주에 힝클리 포인트 C Hinkley Point C 원전 건설을 진행 중이며, 프랑스는 기존 원전의 수명을 늘리는 동시에 새로운 원전을 짓는 방안을 검토하고 있습니다. 또한 스웨덴의 경우 20세기에 멈췄던 원전 건설을 최근 다시 시작했죠.

하지만 원자력 발전의 가장 큰 걸림돌이 있습니다. 바로 부지를 마련하는 일과, 고준위 방사성 폐기물 처분 시설(방폐장) 관리입니다. 위험도가 높은 폐기물을 다루는 시설이니만큼, 방폐장 부지 선정은 주민들의 반대와 환경 오염의 우려로 인해 어려움을 겪고 있습니다. 또한 방사성 폐기물을 안전하게 처리하는 일은 기술적으로나 경제적으로나 어려운 도전 과제입니다. 그래서 각국은 지질학적 심층 처분 방식을 채택하여 폐기물을 안전하게 격리하고자 노력하고 있지요.

지질학적 심층 처분 방식은 지질학적으로 안전한 곳을 골라 자연적인 혹은 인공적인 방벽을 둘러 폐기물을 매립하는 처리법입니다. 예를 들어, 핀란드는 2024년 세계 최초로 고준위 방사성 폐기물 영구 처분 시설인 '온칼로 Onkalo'를 완공했습니다. 이 시설은 지하 400~450m 깊이에 위치하며, 2025년부터 운영을 시작할 예정입니다. 온칼로는 원자력 발전 뒤 남은 사용 후 핵연료를 구리 캡슐에 밀봉하고, 이를 벤토나이트 점토로 감싸 지하 암반에 매설하는 방식으로 방사성 폐기물을 처리합니다. 여러 겹으로 폐기물을 둘러싸는 다중 방벽 시스템을 통해 방사성 물질의 누출을 철저히 방지하지요.

스웨덴은 포스마크Forsmark 지역에 고준위 방사성 폐기물 처분장을 건설하고 있습니다. 이곳은 지하 500m 깊이에 위치하며, 핀란드와 비슷한 심층 지하 저장 시스템인 KBS-3 방식을 채택하여 앞서 본 방식처럼 사용 후 핵연료를 구리 캡슐에 밀봉하고 벤토나이트 점토로 감싸 매설합니다. 특히 스웨덴은 주민들의 우려와 반대를 줄이기 위해 지역 사회와의 지속적인 소통과 투명한 정보 공개로 신뢰를 구축했습니다.

프랑스 역시 북동부 뷔르Bure 지역에 고준위 방사성 폐기물 처분장을 건설 중인데, 이 시설은 땅속에 자연적으로 형성되어 있는 두꺼운 점토층을 활용한 지질학적 격리를 통해 방사성 물질의 이동을 차단하는 것이 특징입니다. 또한 프랑스는 지역 주민들에게 처분장 건설로 얻는 경제적 혜택을 나누며 이들과의 협력을 강화하고 있습니다.

아시아에선 일본 홋카이도 호로노베의 사례가 주목할 만합니다. 이곳에선 지하 연구 시설을 운영하며, 고준위 방사성 폐기물 처분을 위한 지질학적 연구를 진행하고 있어요. 지하 500m 깊이에 위치하는 이 연구 시설은 점토층과 화강암층을 이용한 처분 기술을 개발하고 있습니다. 일본 역시 지역 주민과 활발히 소통하고, 연구 결과를 자세히 공개하여 주민들과의 신뢰를 쌓고 있습니다. 이처럼 각국은 기술적으로는 지질학적 구조를 이용한 심층 처분 방식을 통해 고준위 방사성 폐기물을 안전하게 처리하고자 노력하고 있지요. 또 사회적으로는 원전에 대한 지역 주민과의 소통을 통해 주민 수용성을 높이고 있습니다. 우리나라도 이러한 해외의 모범 사례를 참고하여, 안전하고 효율적인 방사성 폐기물 처분 방안을 마련해야 할 것입니다.

소형 모듈 원자로가 그리는 미래

그런 점에서 소형 모듈 원자로SMR의 등장은 원자력 발전의 새로운 가능성을 열어주고 있습니다. SMR은 기존의 대형 원전보다 규모가 작고, 공장에서 각 부품을 제조한 후 현장에 운반하여 조립하는 방식으로 건설됩니다. 그래서 기존 원전보다 건설 기간이 짧고, 경제적으로도 효율적입니다. 게다가 SMR의 경우, 원자로의 규모가 작기 때문에 냉각 시스템에 문제가 생기거나 사고가 발생했을 때 대처가 용이한 등, 여러 설계적 장점으로 안정성을 높입니다.

현재 SMR은 상용화를 목표로 여러 나라에서 연구와 개발이 진행 중입니다. 미국의 경우, 뉴스케일 파워NuScale Power가 개발한 SMR 모델이 미국 원자력규제위원회 NRC의 인증을 획득했으며, 2029년까지 이 모델을 상용화하는 것을 목표로 설정하고 있지요.

캐나다는 소형 원전 기업인 테레스트리얼 에너지 Terrestrial Energy를 통해 아이소젠 300 모델을 상용화하려 하고 있습니다. 이 모델을 사용하면 현재 원전보다 훨씬 간단한 구조로 안정성을 높이고 비용을 절감할 수 있죠. 영국 또한 SMR을 적극적으로 추진 중입니다. 롤스로이스는 영국 정부의 지원을 받아 소형 모듈 원자로 개발을 본격화했습니다. 롤스로이스의 SMR 프로그램은 초기 건설 비용을 절약할 수 있을 뿐 아니라, 빠른 설치가 가능하다는 점에서 기존 대형 원전 프로젝트에 비해 큰 장점을 가지고 있습니다.

그러나 SMR이 완전히 안전한 대안으로 자리 잡기 위해서는 여전히 해결해야 할 문제가 존재합니다. 소형 모듈 원자로도 기본적으로는 원자로인 만큼 방사성 폐기물을 배출하며, 이에 대한 처리가 필수적입니다. 또한, 많은 전문가들은 SMR의 경우 규모가 작아 각 지역에 분산 설치될 가능성이 높은 만큼, 기존 원전보다 안전 규제와 방사성 물질 관리가 더 어려워질 수 있다고 우려합니다. 또한 경제적으로는 대형 원전 대비 수익성이 낮을 수도 있어, 투자자들의 관심을 끌기에 충분하지 않을 수 있다는 의견도 있습니다.

한국의 원자력 발전

한국 정부는 기존 재생 에너지에 원자력 발전을 포함해 '신재생 에너지'로 부르며 국제적으로 친환경 이미지를 강화하는 데 힘을 쏟고 있습니다. 특히 무탄소에너지CFE, Carbon Free Energy 개념을 도입한 것이 인상적입니다. 2023년 10월 27일, 정부와 기업이 합동으로 무탄소 연합CF연합을 출범시켰고, 무탄소에너지의 국제적 확산과 규범화를 목표로 글로벌 협력 강화를 꾀했지요. 특히 윤석열 전 대통령은 2023년 9월 유엔 총회 기조연설에서 전 세계의 탄소중립 가속화를 목표로 하는 무탄소에너지CFE 이니셔티브 운동을 국제적으로 확산시키기 위한 기반으로 CF연합을 제안한 바 있습니다. 다만 2025년 취임한 이재명 대통령은 재생 에너지 확대를 공언했기 때문에 무탄소CF·Carbon free 중 원자력 발전은 조금 뒤로 밀릴 가능성이 있습니다.

앞서 환경단체 등에서 원전 신규 건설을 반대한다고 말하기는 했지만, 물론 이러한 의견에 반박하는 주장도 있는데요. 산업계에서 원전을 새로 건설함으로써 국가 경쟁력을 강화할 수 있다는 의견이지요. 쉽게 말해 원전이 미래 한국을 먹여살릴 거라는 주장입니다. 실제로 지금도 한국은 원전 기술 강국으로 꼽힙니다. 한국의 대표적인 원전 모델인 APR1400은 미국 원자력규제위원회NRC로부터 설계인증을 획득하여 안전성과 기술력을 인정받았습니다. 이로써 한국은 미국, 프랑스, 러시아, 캐나다, 일본에 이어 세계 6번째 원전 수출국으로 당당히 도약했지요. 또 2009년에는 아랍에미리트UAE 바라카 원전 4기 수주에 성공하여 총 186억 달러(약 25조 7,312억) 규모의 계약을 체결하기도 했습니다. 이는 한국 원전 기술의 경쟁력을 입증하는 사례로 평가받습니다. 원전이 한국을 먹여살릴 거라는 말이 과장은 아닌 셈이지요.

그렇다면 한국의 원전 기술은 어떤 점에서 특별한 것일까요? 2022년 1월 산업통상자원부 보고서에 따르면, 한국 원전의 핵심 경쟁력은 세 가지입니다. 바로 '풍부한 원전 건설·운영 경험과 견고한 공급망', '높은 경제성', '세계 최고 수준의 안전성'이지요. 이러한 장점을 바탕으로 한국은 2030년까지 원전 10기를 수출하겠다는 목표를 세우고 있습니다. 목표를 달성한다면, 약 100조 원 규모의 경제적 효과를 기대할 수 있습니다.

이처럼 원자력 발전은 안정적인 전력 공급과 탄소 중립 달성, 그리고 경제 발전에 기여할 수 있는 중요한 에너지원입니다. 그러나 안전성 확보와 방사성 폐기물 처리 문제는 여전히 해결해야 할 과제입니다. 특히 소형 모듈 원자로SMR의 등장은 새로운 가능성을 열어주었지만 역시 안전성과 경제성 측면에서 신중한 접근이 필요합니다. 원전의 확대나 축소 여부는 이러한 장단점을 종합적으로 고려하여 신중하게 결정해야겠지요. 세계 각국은 재생 에너지와 원전을 함께 활용하여 에너지 안보와 환경 보호, 경제적 성장을 함께 이뤄내는 균형 잡힌 에너지 정책을 추진해야 합니다.

전기차의
빛과 그림자

전기차가 친환경적인 선택인 이유

요즘 주변에서 한두 대씩 전기차가 늘어나는 것 같습니다. 여러분도 주위에서 전기차를 자주 보시나요? 설령 주변에 전기차를 모는 사람이 없더라도 전기차가 내연 기관 차량보다 친환경적이라는 말을 들어보셨을 텐데요. 왜 전기차가 더 친환경적인지, 혹시 그 뒤에 우리가 모르는 숨겨진 이야기가 있지는 않을지 궁금하지 않으셨나요? 사실 전기차에 대해 이야기하다 보면 꽤 흥미로운 사실들을 발견할 수 있습니다.

우선 기존의 차가 환경에 어떤 영향을 미치는지 살펴볼까요? 가솔린차와 디젤차는 연료를 연소하는 과정에서 상당량의 이산화탄소를 배출합니다. 평균적으로 가솔린 차량은 1km 주행 시 약 180~200g, 디젤 차량은 약 160~180g의 이산화탄소를 배출하는 것으로 알려져 있습니다. 많은 분들이 이산화탄소가 기후 변화에 영향을 미친다는 사실은 잘 알고 계시겠지만, 그중에서도 왜 차량 배출량이 문제인지 구체적으로는 모르는 분들도 계실 듯합니다. 하지만 자료를 살펴보면 그동안 아무 생각 없이 탔던 차에 대한 충격적인 사실을 알 수 있습니다.

예를 들어, 가솔린 차량으로 하루 30km씩 1년간 주행할 경우, 약 2톤의 이산화탄소를 배출하게 됩니다. 이는 성인 1명이 연간 배출하는 온실가스의 3분의 1 수준이며, 큰 소나무 150~200그루 이상이 1년간 흡수해야 상쇄할 수 있는 양입니다. 다시 말해, 고작 자동차 한 대가 1년을 꼬박 흡수해야 없앨 수 있을 만큼의 탄소를 배출하고 있는 것입니다. 이런 수치를 보면 '내연 기관을 탑재한 자동차 한 대쯤은 괜찮겠지'라는 생각이 얼마나 위험한지 느낄 수 있습니다. 지금까지 문제 없이 몰았으니 앞으로도 괜찮겠다는 생각도 하기 어렵지요.

하지만 전기차의 경우 이야기가 조금 다릅니다. 전기차의 탄소발자국은 해당 차가 주로 사용하는 전력의 생산 방식에 따라 결정됩니다. 석탄이나 천연가스 같은 화석 연료를 사용하여 전기를 생산하는 지역에서는 전기차의 탄소발자국이 상대적으로 높을 수 있지만, 풍력이나 태양광 같은 재생 가능 에너지로 전기를 생산하는 지역이라면 탄소발자국이 매우 낮아져 이산화탄소 배출량이 킬로미터당 0.1kg 이하로 줄어들기도 합니다.

특히 유럽 연합US EPA에서는 전기차가 내연 기관 차량보다 약 3배나 적은 이산화탄소를 배출한다는 연구 결과도 있습니다. 이는 전기차가 장기적으로 환경에 미칠 긍정적인 영향을 잘 보여줍니다. 이처럼 전기차는 실현할 수 없는 이상이 아니라 현실적이고 실행 가능한 친환경적 선택이 될 수 있습니다. 선택한 자동차가 어떻게 운행되고 어디에서 에너지를 얻는지에 따라 더욱 큰 차이를 만들 수 있지요.

전기차가 내연차보다 친환경적인 또다른 이유 중 하나는 바로 연료의 효율성 때문입니다. 전기차는 약 88%의 연료 에너지가 바퀴로 전달되는 반면, 내연차는 대략 20~30%의 에너지만이 이용됩니다. 다시 말해, 전기차가 같은 양의 에너지로 더 많은 거리를 갈 수 있다는 뜻이죠. 게다가 전기차는 주행 중 온실가스를 직접 배출하지 않아 도심의 공기질을 개선하는 데 크게 기여합니다.

하지만 전기차의 배터리 생산과 전력 생산 과정에서는 일정량의

탄소가 배출됩니다. 따라서 전기차의 '온실가스 순배출'을 계산할 때
에는 이 점 역시 고려해야 합니다. 최신 연구에 따르면, 전기차는 생
산부터 폐차까지 차량의 전체 생애 주기 동안 내연차보다 온실가스
배출이 훨씬 적다고 합니다.

자원 전쟁이 전기차 가격을 올린다고?

다만 전기차에도 한계가 있습니다. 단지 전기차를 산 것만으로도
'나는 친환경 이동수단을 샀다'고 생각할 수 있지만, 눈에 보이지 않
는 원료 생산부터 폐기까지 과정을 살펴볼 필요가 있습니다.

전기차의 전체 생애 주기는 '전 과정 분석Life Cycle Assessment, LCA'라
고 부릅니다. 일반적으로 전기차는 내연 기관 차량보다 환경에 미치
는 영향이 적은 것으로 여겨지죠. 전기차의 가장 큰 이점 중 하나가
앞서 말했듯 운행 중 직접적인 이산화탄소를 배출하지 않는다는 점
이기 때문입니다. 2023년 유럽 교통 전문 NGO인 '교통과 환경T&E'
의 보고서에 따르면, 전기차는 유럽연합EU에서 쓰이는 어떤 전력원
을 사용하더라도 내연 기관차보다 약 3배 적은 이산화탄소를 배출한
다고 합니다. 이는 전기차가 화석 연료를 직접 연소하지 않기 때문입

니다.

하지만 전기차의 친환경성을 평가할 때는 배터리 생산과 사용된 전력의 출처를 고려해야 합니다. 예를 들어, 배터리 제조 과정에서 상당한 양의 이산화탄소가 발생할 수 있습니다. 이는 주로 배터리에 사용되는 리튬, 코발트, 니켈 등의 원재료 채굴 과정에서 발생하는 것이지요. 폭스바겐 그룹의 연구에 따르면 배터리의 재사용과 재활용을 통해 이러한 영향을 상당히 줄일 수 있다고는 하지만 말입니다.

또한, 전기차의 환경적 이점은 사용되는 전력의 출처에 크게 좌우됩니다. 화석 연료를 사용해 전력을 생산하는 나라에서라면 전기차의 순배출량이 높을 수밖에 없습니다. 반면 스웨덴처럼 재생 에너지 비중이 높은 국가에서 생산된 배터리를 사용하고 운행하는 전기차는 이산화탄소 배출이 현저히 낮습니다. 이는 전기차가 재생 에너지와 결합했을 때 진정한 친환경적 효과를 발휘한다는 것을 보여줍니다.

그러나 전기차가 생산되고 운행되는 과정을 고려하면, 전기차의 친환경적 이점을 극대화하기 위해서는 재생 에너지의 확대와 함께 전기차 배터리 기술을 반드시 지속적으로 개선해야 합니다. 전기차 산업의 미래는 이러한 기술 발전과 정책 지원에 크게 의존하고 있으며, 이는 전 세계적인 에너지 전환을 촉진하는 데 중요한 역할을 할 것입니다.

이 과정에서 전 세계적인 협력이 필요합니다. 최근 '자원 전쟁'에 대해 들어보신 분이 있을 겁니다. 특정 재료가 부족하거나 공급망 문제가 있을 때 정치·사회·경제적 진영에 따라 전기차 원재료 수출을 통제하는 건데요. 일례로, 2020년에는 전기차 배터리 등 첨단 기술 제품의 핵심 재료인 희토류의 약 70%를 생산하는 중국이 희토류 수출을 제한하면서 전 세계 전기차 배터리 생산에 큰 영향을 미친 적이 있습니다. 전기차가 내연차보다 가격이 높아질 수밖에 없던 이유에는 이러한 정책의 영향도 있습니다. 이 때문에 최근 각국은 자원 독점 체제에서 벗어나기 위해 희토류 자원 확보와 생산을 위해 대체 공급망을 구축하려는 노력을 기울이고 있습니다.

리튬과 코발트의 수급 문제도 큰 도전 과제입니다. 예를 들어 리튬의 경우, 2021년 기준으로 세계 리튬 생산량의 51%가 호주에서 생산되었으며, 칠레와 중국이 각각 22%와 13%를 생산 중입니다. 또한 합금과 리튬이온 전지의 핵심 원재료인 코발트는 전 세계 생산량의 약 70%를 콩고 민주 공화국에 의존하고 있는데, 콩고의 정치적 불안정성으로 인해 공급망에 큰 변동성이 생길 수 있지요. 이러한 자원의 불안정한 공급망은 전기차 산업에 큰 영향을 미치며, 이를 해결하기 위해서는 국제적인 협력이 필수적입니다.

유럽연합EU과 미국은 이러한 자원 전쟁에 대응하기 위해 희소 금속 자원 개발과 재활용 기술 개발에 대한 투자를 늘리고 있습니다. 또 유럽연합은 2020년 유럽 원자재 연합을 설립해 희소 금속의 안정적인 공급을 확보하려 노력하고 있습니다. 미국 역시 2021년 국가 희소 금속 전략을 발표하여, 자국 내 자원 개발과 국제 협력을 통해 공급망을 강화하려 하는 중입니다. 세계 3대 자동차 생산 강국인 우리나라도 경쟁력을 유지하려면 향후 전기차 등 탄소 무배출 차량의 개발과 상용화를 위해 해외 여러 국가와 적절하게 유대 관계를 쌓아야 할 겁니다.

이처럼 전기차의 지속 가능한 발전을 위해서는 자원 확보와 공급망 안정화가 필수적입니다. 이를 위해 전 세계적인 협력이 필요합니다. 전기차 산업의 미래는 단순히 기술적 혁신뿐만 아니라 국제적 협력과 자원 분배에 크게 기대고 있습니다. 전기차에 대해 알면 알수록 전기차가 그저 모든 문제를 단번에 해결할 '장밋빛 청사진'이 아닌 걸 알 수 있지요.

그럼에도 전기차는 지속 가능한 미래로 가는 길의 중요한 열쇠 중 하나입니다. 완벽한 해답은 아니지만, 현재 우리가 가진 기술과 에너지 시스템 안에서 온실가스를 줄이고, 도심의 대기오염을 낮추며, 화석 연료 의존도를 줄일 수 있는 가장 현실적인 대안이지요.

물론 전기차만으로 모든 환경 문제를 해결할 수는 없습니다. 재생 에너지 확대와 에너지 효율 개선, 배터리 재활용, 전력망 연계, 국제 자원 협력 등 여러 과제가 동시에 추진돼야 합니다. 하지만 이런 복잡한 과제를 풀어나가는 과정에서 전기차는 필수적인 역할을 맡고 있습니다.

전기차는 우리의 환경과 미래 세대를 위한 더 나은 선택입니다. 지금보다 더 깨끗한 에너지로, 더 효율적인 기술로 발전해 나갈 때, 전기차는 비로소 지속 가능한 사회로 가는 전환점이 될 수 있습니다. 전기차 전환이나 확대는 그 변화의 시작일 뿐, 진정한 친환경 사회의 완성은 모두의 합리적인 선택과 행동에 달려 있습니다. 이로써 전기차의 가격이 낮아지고 모두가 고민 없이 전기차를 선택할 수 있는 날이 온다면, 그때야말로 안전하고 편안한 미래에 한 발 더 다가갈 수 있을 겁니다.

기후 변화와
사회적 불평등

약자에게 더 가혹한 기후 재난

봉준호 감독의 영화 「기생충」에서는 주인공 가족이 사는 반지하 가옥이 폭우로 인해 물에 잠기는 장면이 등장합니다. 부유한 가정은 언덕 위 고지대에 살고 있어 상대적으로 피해를 덜 받거나 폭우에 대해 충분한 대비책을 갖추고 있는 반면, 지형적으로 낮은 지역에 위치한 서민층의 주거지는 그대로 침수 위험에 노출됩니다. 가난한 이가 안전을 위협받는 동안, 부유한 이는 비 오는 날의 운치를 즐기는 상반된 모습은 영화적 과장이 아닙니다. 전 세계적으로 벌어지고 있는 '기후 불평등'을 단적으로 보여주는 장면입니다.

기후 변화는 더 이상 기온 상승이나 빙하 후퇴와 같은 단순한 과학적 현상에 그치지 않고, 계층, 지역, 성별, 연령에 따라 피해 규모와 양상이 달라지는 복합적인 사회 문제로 자리 잡았습니다. 기후 변화로 인한 극단적 기상 현상은 이미 위태로운 사회적 약자들의 삶을 벼랑 끝으로 몰아갑니다. 폭우로 인한 홍수, 가뭄, 태풍, 사이클론, 폭염 같은 현상에 맞서기 위해서는 재난 대비 시설이나 재난 보험, 튼튼한 구조의 주택 등 다양한 자원이 필요합니다. 그러나 취약 계층일수록 이러한 자원을 확보하기가 어렵습니다.

2007년 방글라데시에서 발생한 사이클론 시드르^{Sidr} 가 그 예시입니다. 시드르가 발생했을 당시, 유난히 큰 피해를 입은 곳은 바로 빈곤층이 사는 지역이었습니다. 이 지역의 주민들은 주거 환경이 열악한 데다가 경제적으로 취약했습니다. 그래서 재해를 겪은 뒤에도 다시 일을 시작하거나 새 집을 짓는 등, 생계 기반을 회복하는 데 더욱 큰 어려움을 겪었습니다. 그리고 이는 단순히 일시적 피해가 아닌 장기적인 사회·경제적 손실로 이어졌습니다. 이런 상황은 방글라데시뿐만 아니라 저지대 해안 지역이나 하천 근처에 터를 잡고 살아가는 많은 개발도상국 주민들에게서도 공통적으로 나타나는 현상입니다.

안타까운 점은 이 사태에 그들의 책임은 거의 없다는 것입니다. 개발도상국의 경제·정치적 자립 및 발전을 지원하는 기구인 유엔개발계획UNDP 보고서에 따르면, 세계에서 가장 가난한 최빈국들이 배출하는 온실가스의 양은 전 세계 온실가스 배출량의 3%도 되지 않습니다. 하지만 기후 변화로 인한 자연재해로 받는 경제적 피해는 무려 자국 국내총생산GDP의 약 7%에 달한다고 합니다. 이는 선진국이 받는 피해의 약 3배에 해당하는 수치이며, 이미 어려운 경제적 여건 속에서 살아가는 이들 국가가 기후 충격으로 인한 추가적 손실을 흡수하기가 얼마나 어려운 일인지 보여줍니다.

경제적으로 충분한 여유가 있는 선진국들은 재난 대응 시스템을 보강하고, 피해 지역 복구를 위해 충분한 예산을 투입할 여력이 있습니다. 그리고 필요하다면 건축 규제를 강화하여 재난으로부터 보다 안전한 주거 환경을 형성할 수 있지요. 그러나 개발도상국과 최빈국의 경우에는 이 같은 제도적 기반이 약하거나, 기후 재난 대응에 투자할 예산이 부족해 재해 이후 국민들의 생활이 정상 궤도로 복귀하는 데 훨씬 더 많은 시간이 걸립니다. 그 결과 이러한 국가들에서는 기후 변화가 빈곤의 덫을 더욱 단단히 죄는 악순환이 일어나기 쉽지요.

기후 변화는 빈부의 격차뿐 아니라, 또 다른 사회적 불평등의 양상을 드러냅니다. 이에 대해 더 깊이 살펴보려면 여성과 아동, 노인 같은 취약 집단이 처한 상황을 주목할 필요가 있습니다. 먼저 여성들의 경우, 특히 농업에 의존하는 지역에서 물과 연료를 구하기 위해 더 멀리, 더 자주 이동해야 하는 부담을 안고 있습니다. 세계은행이 공개한 자료에 의하면, 아프리카 사하라 이남 지역 여성들은 기후 변화로 인해 수자원 고갈 문제가 심화되는 바람에 평소보다 하루 평균 2시간 이상을 더 걷는 경우가 늘고 있다고 합니다. 이는 여성들이 교육, 경제활동, 가사노동 외에 기본적인 생존을 위한 자원 확보에도 막대한 시간을 투자해야 함을 의미합니다. 이처럼 기후 변화가 여성의 삶에 추가로 지우는 부담은 여성의 교육률을 떨어뜨리고 건강을 해칩니다. 그 결과 여성의 사회 참여가 제한되고, 궁극적으로 기후가 여성의 권리와 지위 향상을 저해하는 요인으로 작용합니다.

아동 역시 기후 변화의 직·간접적 피해를 크게 받는 집단 중 하나입니다. 극심한 가뭄이나 잦은 홍수로 인한 식량 생산량 감소는 영양실조 문제를 악화시키며, 질병에 대한 취약성을 높입니다. 국제기구 보고서에 따르면, 이러한 식량 안보 위기가 심각해질 경우 2050년까지 기후 변화로 인한 극심한 가뭄 때문에 영양실조를 겪는 어린이의 수가 추가로 2,400만 명 이상 늘어날 수 있다고 합니다. 이는 단순히 어린이 개인의 건강 문제에서 끝나는 일이 아닙니다. 미래 노동력이 줄어들고 국가가 부담해야 할 의료비가 증가하며, 지역사회의 안정성이 흔들릴 수 있지요. 그리고 이 모든 문제는 결국 한 국가나 지역의 경제 및 사회 발전에 심각한 장애물이 될 수 있습니다.

여성과 어린이뿐 아니라 노인, 장애인, 이주민과 난민 또한 기후 변화로 인한 불평등 문제에서 자유롭지 않습니다. 홍수나 폭염 같은 재해가 발생했을 때 신속하게 대비하기 어려운 노인들과 이동의 제약이 있는 장애인들은 상황에 따라 즉각적으로 대응하기가 어렵지요. 특히 재난 지원 인프라와 사회 안전망이 부실할 경우 생존율이 크게 낮아집니다.

또한 기후 변화로 인한 사막화나 해수면 상승으로 생존 기반을 잃은 난민과 이주민의 수는 갈수록 증가하고 있습니다. 이들은 낯선 환경에서 새로운 삶을 시작해야 하는데, 이미 취약한 상태에서 출발하는 만큼 이주 과정에서 겪는 불안정성이 훨씬 크고, 사회적 차별이나 배제에 쉽게 노출됩니다.

한편, 기후 변화로 인한 불평등 문제는 단순히 개별 국가 내부의 계층 간 문제에 그치지 않고, 국가 간 격차를 심화시키는 국제적 불평등으로 연결됩니다. 온실가스의 역사적 누적 배출량이 많은 선진국들은 어느 정도 재정적·기술적 여유를 바탕으로 기후 변화 적응에 필요한 인프라를 마련할 수 있습니다. 그러나 역사적으로 배출량이 적었던 대부분의 저소득 국가는 보건, 교육, 식량 안보 등 이미 부족한 사회적 안전망에 더해 기후 재난까지 직면하고 있어, 국제적인 지원과 협력 없이는 이 문제를 자력으로 해결하기 어렵습니다. 기후 기금이나 개발 원조를 통한 선진국들의 지원 정책은 이 불평등의 악순환을 끊는 데 중요한 역할을 할 수 있지만, 아직까지는 그러한 지원의 속도나 규모가 충분하지 않다는 지적이 계속되고 있습니다.

모두가 평등하게 안전할 수 있도록, 기후 정의

최근 기후 정책 논의에서는 기후 변화를 단순한 환경 문제가 아닌 사회 정의 차원에서 다뤄야 한다는 목소리가 커지고 있습니다. 그런 의미에서 기후 정의Climate Justice 개념은 기후 변화로 인한 부담과 혜택의 불균등한 분배를 바로잡고, 역사·정치·경제적 책임을 반영하여 국제 협력이 이뤄져야 한다는 점을 강조합니다. 즉, 기후 변화에 큰 책임이 있는 선진국들은 기후 위기에 대처하기 위한 적절한 자금 지원과 기술 이전, 그리고 취약 계층을 보호할 수 있는 제도적 장치를 마련하는 데 적극적으로 나서야 한다는 뜻이지요. 또한 각국 정부와 국제기구, 시민사회 단체, 기업, 지역 공동체는 취약 지역을 중심으로 한 재해 대응 체계를 구축하고, 사회적 약자에 대한 보호 정책을 미리 마련해야 합니다.

기후 변화의 진행 속도를 늦추기 위한 온실가스 감축 노력과 더불어, 이미 진행 중인 기후 영향에 적응하기 위한 인프라 강화, 경작지 변화 대응 및 사회 복원력resilience 제고 정책은 기후 불평등을 완화하기 위한 핵심 과제입니다. 이와 함께 성인지적 관점을 갖추고 아동 친화적 대책, 노인과 장애인에 대한 맞춤형 지원책을 마련하거나 난민 수용 정책을 개선하는 등 다양한 취약 집단을 고려하여 배제되는 계층을 포괄하는 방향으로 대응해야 합니다. 기후 변화는 사회의 가장 약한 고리부터 파고들며, 그들이 견뎌온 불평등의 단층선을 더욱 깊게 파고들어 갑니다.

그래서 기후 변화 대응은 단순히 환경을 보호하는 차원을 넘어 인권, 사회정의, 평등의 문제와 직결되는 과제입니다. 이러한 맥락에서 기후 변화로 인한 불평등 현상은 국제사회의 공동 관심사로 다뤄져야 하며, 이를 통해 기후 위기에 대한 공평한 해결책을 모색해야 합니다.

기후 난민

기후 난민의 등장

만약 우리가 전쟁이 난 것도 아닌데 고향을 떠나야 한다면, 그 이유는 무엇일까요? 누군가는 경제적 빈곤 때문에, 또 누군가는 정치적 박해로 인해 떠나는 게 아니냐고 이야기할 수 있습니다. 그런데 최근에는 지구의 기후가 바뀐 탓에 살던 곳을 떠나야만 하는 사람들이 늘고 있습니다. 이러한 사람들을 우리는 '기후 난민'이라고 부릅니다.

기후 난민은 환경적 요인으로 인해 강제로 거주지를 떠나는 사람들을 말합니다. 대표적인 예로는 해수면 상승으로 인해 섬이 잠기거나, 가뭄이 계속되어 농사를 지을 수 없게 되는 바람에 고향을 떠나는 경우입니다. 문제는 이러한 현상이 점점 더 심해지고 있다는 점입니다. 유엔 산하의 국제이주기구IOM는 2050년까지 약 2억 명에 달하는 기후 난민이 발생할 수 있다고 예측하고 있습니다. 이는 세계 인구의 40명 중 1명이 살던 곳을 떠날 수밖에 없는 상황이라는 뜻입니다.

가장 대표적인 기후 난민 사례는 남태평양의 작은 섬나라들입니다. 투발루, 키리바시, 마셜 제도 같은 국가는 해발 고도가 매우 낮기 때문에 해수면이 조금만 올라가도 국토 대부분이 침수됩니다. 이들 국가는 이미 염도가 높은 바닷물이 식수원을 오염시키고, 토지를 잠식하는 현상에 시달리고 있습니다. 투발루 정부는 앞으로 자국민들이 집단 이주할 수밖에 없을 것이라고 공식적으로 발표했습니다. 이처럼 국토가 물에 잠겨 '국가 자체가 사라질 위기'에 처한 경우는 인류 역사상 매우 이례적인 일입니다.

아프리카 대륙에서도 기후 난민 문제는 심각합니다. 사하라 사막 남쪽 지역에서는 기후 변화로 인해 사막화가 가속화되고 있습니다. 땅이 메말라 농사를 지을 수 없게 되자 많은 사람들이 도시로 이동하고 있는데, 이 과정에서 빈곤과 실업, 범죄 등 사회 문제가 확산되고 있습니다. 차드, 니제르, 수단 등의 나라에서는 기후로 인한 갈등이 무력 충돌로까지 이어지기도 했지요 이처럼 기후 변화는 단순히 날씨의 문제가 아니라, 사람들의 삶 전반에 영향을 미치고 있습니다.

기후 난민이 보여주는 불평등의 현실

이러한 기후 변화의 타격을 고스란히 받는 기후 난민은 자연 현상의 피해자일 뿐 아니라, 국제적인 불평등의 상징이기도 합니다. 전 세계 온실가스 배출의 대부분은 선진국에서 발생합니다. 그러나 기후 변화의 피해는 개발도상국이나 저소득 국가에 더 크게 나타납니다. 예를 들어, 미국은 세계 이산화탄소 배출량의 약 15%를 차지하고 있지만, 해수면 상승으로 인해 국토가 사라질 위기에 처한 투발루의 연간 온실가스 배출량은 전 세계 배출량의 0.00002%에 불과합니다. 이는 거의 측정 불가능한 수준입니다. 그런데도 투발루는 해수면 상승으로 국토가 침수될 위기에 처해 있지요. 이는 기후 변화의 불균형한 책임과 피해를 단적으로 보여주는 사례입니다.

이런 불균형은 '기후 정의climate justice'라는 개념으로 해결할 수 있습니다. 기후 정의란 기후 변화의 책임과 피해가 공평하게 나뉘어야 한다는 원칙입니다. 특히 산업화 과정에서 많은 온실가스를 배출해

164

온 선진국이, 지금 기후 피해를 겪고 있는 국가들에게 더 많은 책임을 져야 한다는 주장도 여기에 포함됩니다. 파리협정에서도 이러한 원칙이 강조되었고, 선진국은 개발도상국의 기후 적응을 돕기 위해 연간 1,000억 달러(약 138조)를 지원하기로 약속했습니다. 하지만 실제 지원금은 약속보다 훨씬 적은 수준에 머물고 있습니다.

또한, 기후 난민은 현재 국제법상 '난민'으로 인정받지 못하고 있습니다. 1951년 제정된 유엔 난민협약은 종교, 인종, 정치적 이유 등으로 박해를 받는 사람을 난민으로 규정하고 있는데, 여기에 '기후'는 포함되어 있지 않습니다. 이로 인해 기후 변화로 고향을 떠나는 사람들은 법적으로 난민 지위를 얻기 어렵고, 국제적인 보호도 받지 못하고 있습니다. 최근 뉴질랜드, 캐나다 등 일부 국가는 기후 난민을 수용하기 위한 제도 마련에 나섰지만, 이 문제에 대한 국제적 공감대는 아직 부족한 실정입니다.

언젠가는 우리의 차례가 온다

한국도 기후 난민 문제와 무관하지 않습니다. 직접적인 피해보다는 간접적인 영향을 받을 가능성이 크지요. 예를 들어, 동남아시아나

아프리카에서 발생한 대규모 기후 난민이 유럽이나 아시아 지역으로 이동하게 되면, 이주 문제는 곧 우리나라의 정치·경제·사회 문제로 이어질 수 있습니다. 난민을 수용할 것인가, 어떤 기준으로 수용할 것인가에 대한 논의가 필요합니다. 또한, 한국은 국제사회에서 중견국의 위치에 있기에 기후 정의 실현에 대한 책임도 점차 커지고 있습니다.

이러한 배경에서 한국도 기후 난민과 관련한 법적, 제도적 준비가 필요합니다. 환경부나 외교부 등 관련 부처는 기후 변화에 따른 이주 문제를 검토하고, 외교적으로 기후 정의를 실현하기 위한 국제 연대를 강화할 필요가 있습니다. 국회 차원에서도 관련 정책의 입법을 추진하여, 한국이 기후 문제에 책임 있는 국가로서의 역할을 다하도록 해야 합니다.

결론적으로 기후 난민은 지구의 기후 위기가 현실이 되었다는 명확한 증거입니다. 더 이상 기후 변화는 북극곰이나 해수면 상승처럼 먼 이야기만은 아닙니다. 지금 이 순간에도 이웃들의 삶을 바꾸고, 보금자리를 떠나게 만들고 있습니다. 그리고 그 피해는 대부분 기후 문제에 책임이 적은 사람들이 감당하고 있습니다. 우리는 이 불균형을 바로잡기 위해 기후 변화 대응과 함께 기후 정의를 실현할 수 있는 방안을 고민해야 합니다. 그래야만 기후 위기 시대에 모두가 함께 살아갈 수 있는 길을 찾을 수 있습니다.

그렇다면, 언젠가 한국도 '기후 난민'을 배출하거나, 심지어 '기후 난민 국가'가 될 가능성이 있을까요? 지금 당장은 그렇게 보이지 않을 수도 있지만, 기후 변화의 양상이 빠르게 진행되고 있는 만큼 우리나라도 안심할 수만은 없습니다. 해수면 상승으로 인한 저지대 침수, 집중 호우와 홍수로 인한 주거지 파괴, 여름철 극한 폭염으로 인한 도시 기능 마비 등과 같은 문제는 모두 한국에서도 일어날 수 있는 일입니다. 실제로 수도권 일대는 기후 재난에 대한 복원력이 낮은 편이며, 전국에서는 매년 반복되는 수해로 인해 주거지를 잃는 가구도 증가하고 있습니다.

또한 기후 위기가 더욱 심각해지면, 국내에서도 보다 안전한 곳으로 이동하기 위해 다른 지역으로 이주하는 '내부 기후 난민'이 생겨날 수 있습니다. 예를 들어 도시 외곽으로 이주하거나, 홍수를 피해 저지대 지역에서 고지대 지역으로 이사하는 주거 이동이 점차 늘어날 수 있지요. 이는 새로운 사회적 갈등과 인프라 문제를 일으킬 수 있습니다. 그러니 한국도 기후 난민을 남의 일처럼 여기지 말고, 장기적인 국가 전략의 일부로 포함시켜야 합니다. 내 일이 아니라고 외면하는 동안에도, 기후 난민 문제는 현실이 되어 조금씩 우리 곁으로 다가오고 있습니다.

기후 대응의
최전선에 선 사람들

거대한 위기에 맞서는 작은 영웅들

우리 주변에는 다양한 배경을 가진 운동가들이 있습니다. 그들은 우리가 미처 보지 못하는 것들에 대해 귀 기울여주고 새로운 시각을 제시해 줍니다. 그리고 기후 위기라는 거대한 재난에도 맞서 싸우는 운동가들이 있습니다. 우리는 그들을 가리켜 기후 위기 운동가라고 부릅니다.

그런데, 여러분은 기후 위기 운동에 대해 어떻게 생각하시나요?

혹은, 기후 위기 운동에 대해 얼마나 알고 계신가요?

기후 위기 운동가는 과거 난개발시대의 환경 운동가처럼 환경 보호나 보전만을 외치는 사람이 아닙니다. 이들은 정부와 기업에 탄소 배출을 줄이라고 요구하거나, 사회 불평등 속에서 더 크게 피해를 보는 사람들의 목소리를 대변하기도 합니다. 때로는 거리에서 시위를 하고, 때로는 국제회의장에서 발언하며 교육과 문화 활동을 통해 사람들의 인식을 바꾸려고 합니다. 이들은 모두 기후 위기가 단지 날씨나 환경의 문제가 아니라 인간과 사회 전체의 문제라는 사실을 알리기 위해 행동하고 있지요.

근래 가장 유명한 것은 누가 뭐래도 그레타 툰베리일 겁니다. 스웨덴 출신인 그는 '학교 파업을 통한 기후 변화 행동Fridays for Future'을 2018년 시작해 유명세를 얻었습니다. 그는 매주 금요일마다 스웨덴 의회 앞에서 시위를 통해 기후 변화에 대한 신속한 행동을 촉구했습니다. 또한 그레타는 2018년, 제24차 기후변화협약 당사국총회COP24에서 "(지구를 다 망쳐놓은 선진국) 어떻게 당신들이 감히 그럴 수 있습니까(How dare you)"라고 연설하며, 전 세계 리더에게 기후 변화 대응을 촉구했어요. 현재 그녀는 대표적인 청년 환경 운동가로 끊임없이 각국의 탄소 배출 저감을 요구하고 있습니다.

아프리카에도 그레타 툰베리같은 활동을 하는 활동가가 있습니다. 우간다의 바네사 나카테는 2019년 '라이즈업 무브먼트Rise Up Movement'를 조직하여 활동하고 있습니다. 우간다의 가뭄과 홍수, 허리케인으로 고통받은 기후 위기의 피해자였던 바네사는 전 세계를 돌며 우간다의 기후 문제를 알리고 있습니다. 유엔 기후 행동 정상회의에서는 기후 문제에서 개발도상국 의사를 제대로 반영할 것을 촉구하기도 했지요. 또한 미국의 기후 활동가 자나지 아티스는 기후 변화의 영향을 가장 많이 받는 이들을 대표하는 '제로 아워Zero Hour' 운동의 공동 창립자로, 청소년이 주도하는 환경 및 기후 정의 운동을 펼치고 있습니다. 2018년에 워싱턴 D.C.에서 '청년 기후 행진Youth Climate March'를 조직했고, 화석 연료는 물론 환경에 유해한 액화천연가스 등의 연료에 반대하는 운동을 벌였습니다.

또한 인도 청소년 활동가 리시프리아 캉구잠은 미래 생존 키트인 '스키푸'를 선보이며 눈길을 끌었습니다. 사람들이 등에 식물 한 뿌리씩을 이고 다니며 거기서 나오는 산소로 호흡해야 한다는 의미를 담은, 온실가스 다배출 국가를 향한 항의성 활동이었어요. 리시프리아는 청소년 환경단체 '차일드 무브먼트Child Movement'를 통해 기후 변화 대응을 위한 교육의 중요성을 강조하고 있습니다. 또한 2012년생인 그녀는 캠페인을 통해 정부에 기후 변화를 교육 과정에 포함시킬 것을 요구하고 있습니다.

인도네시아의 대표적인 휴양지인 발리에도 환경운동가들이 있습니다. 멜라티 위젠과 이사벨 위젠 자매는 환경 보호와 지속 가능한 삶을 촉구하는 활동을 하고 있는 환경 운동가입니다. 이들은 10대 초반이던 2013년부터 발리에서 관광객의 급증으로 발생한 환경 문제에 대한 인식을 높이고, 비닐봉지 사용을 줄이기 위한 캠페인을 벌였습니다. 위젠 자매는 '바이 바이 플라스틱 백Bye Bye Plastic Bags' 운동을 통해 발리의 환경 문제를 해결하고 전 세계적으로 환경 문제에 대한 인식의 변화를 일으켰습니다.

그 결과, 2018년 발리 지역에서 비닐봉지 사용 금지 조례를 통과시키는 성과를 냈고, 최근에는 일회용 플라스틱 전체 문제로 활동 범위를 넓히며 환경 교육과 청소년 리더십 개발에도 힘쓰고 있습니다. 이들의 활동은 발리를 넘어 세계 각국 청소년 환경 운동에 영향을 주었습니다. 멜라티 위젠은 TED와 유엔, 세계경제포럼다보스 포럼 등 국제 무대에서 기후 위기 대응과 청소년 행동의 중요성을 강조하며 연설했지요. 멜라티는 이후 청소년 환경 리더십 플랫폼 '유스토피아YOUTHTOPIA'를 설립해 전 세계 청소년들에게 환경 문제 해결을 위한 행동 방식을 교육하고 있습니다.

기후 운동은 나이에 구애받지 않는다

한국에도 몇몇 활동가들이 눈에 띕니다. 우선 청소년기후소송단에 참여했던 김유진 씨는 기후 위기 대응을 위한 청소년 교육 프로그램 개발 및 운영, 기후 위기 관련 캠페인 진행 등에 참여하고 있습니다. 그는 뉴욕에서 대규모로 열렸던 청소년 결석 시위와 청소년 기후 회의에 참석했습니다. 그 뒤 청소년들이 직접 기후 변화와 환경 문제에 대해 학습하고, 이를 주변에 전파할 수 있도록 교육하기도 했습니다.

청소년기후행동YCA, Youth Climate Action에서 활동하는 윤현정 씨도 있습니다. 그녀는 정기적으로 기후 위기에 대한 시위 및 집회를 조직하고, 기후 정책에 대한 청소년의 목소리를 담은 정책 제안서를 정부에 전달하는 활동을 하고 있습니다. 또 기후위기비상행동의 김서연 씨는 정부의 기후 정책을 주시하고 비판하거나, 탄소 중립 및 신재생 에너지 전환을 위한 정책을 제안하고 시민 참여형 환경 캠페인을 진행하는 등, 환경에 관한 다양한 활동을 하고 있습니다. 앞선 장에서 이야기했던 헌법재판소 기후 소송에도 참여했지요. 특히 대중 강연 및 워크숍을 통해 기후 위기의 심각성과 긴급성을 알리고, 지속 가능한 생활 방식의 중요성을 강조하는 활동을 하고 있어요.

젊은 층만 기후 위기를 외치는 것은 아닙니다. 한국에는 노인만 가입할 수 있는 기후 환경 단체인 '60+기후행동'이 있습니다. 이 단체는 윤정숙 전 녹색연합 상임대표를 비롯해 안재웅 한국YMCA전국연맹 이사장, 이경희 전 환경정의 이사장 등 그간 환경단체에서 오랜 기간 활동해 온 고문급 장년층 인사들이 중심이 되는 단체입니다. 그런 만큼 노년층의 기후 변화에 대한 인식을 높이고, 적극적인 환경 보호 활동을 통해 기후 위기 대응에 기여하려는 의도로 설립되었습니다.

'60+기후행동' 회원들은 정기적으로 모여 환경 보호 캠페인, 재활용 활동, 기후 변화 교육 프로그램 등을 주최합니다. 또 지역 사회와 협력하여 다양한 기후 변화 대응 활동을 펼치고 있습니다. 2024년에는 국가인권위원회에 '정부가 노인 생명권에 대한 기본권 보호 의무를 상실했다'며 진정을 제기하기도 했죠.

이와 같은 기후 환경 활동은 노년층이 단지 과거의 경험과 지혜를 전달하는 것에 그치지 않고, 기후 변화 문제에 대한 적극적인 해결책을 찾고 실행하는 데 있어 중요한 역할을 하고 있음을 의미합니다. 장년층의 지혜는 기후 변화 문제를 해결하는 데 있어 중요한 자원이며, 그들의 활동은 전 세대가 함께 협력하여 지속 가능한 미래를 만들어가는 데 큰 도움이 됩니다.

앞으로도 다양한 세대, 다양한 모습의 기후 활동가들이 더 많이 나타날 겁니다. 기후 위기로 인한 고통이 '각자 현실의 일'이 되어 나타나면 적극적으로 나서서 자신의 뜻을 외치는 이들이 많아질 것이기 때문이에요. 하지만 가장 좋은 것은 기후 위기로 인한 아픔이 나에게까지 닿기 전에, 먼저 기후 위기에 관심을 가지고 일어나 행동하는 것이 아닐까요. 거창한 운동이 아니어도, 일상에서 실천할 수 있는 방법부터 시작해 보는 것도 좋은 생각일 겁니다.

예술이 된
기후 운동

사람의 마음을 움직이는 예술의 힘

기자로서 기후 문제를 생각할 때, '누가 이 문제를 해결할 수 있을까'보다 '얼마나 많은 사람들이 이 문제에 관심을 가지게 할 수 있을까' 하는 생각을 많이 합니다. 물론 엄청난 지혜를 가진 누군가가 기막힌 해법을 내놓고 단번에 결판을 낼 수 있다면 좋겠지만, 기후 문제에 대응하는 것은 사회 이곳저곳의 지혜와 의지가 모여야 가능한 일이기 때문입니다.

그런데 과학이나 정책만으로는 사람들의 마음을 움직이기 어렵습니다. 숫자와 보고서 같은 차갑고 객관적인 정보만 접해서는 기후 문제에 깊이 공감하기 어렵기 때문입니다. 그래서 사람들의 감성을 건드려 마음 깊이 파고드는 영화나 그림, 글이나 체험 등 예술이 기후 운동에서 중요한 역할을 합니다. 예술은 때로 논리보다 빠르게 사람들의 감정과 생각을 바꾸고, 공감과 참여를 이끌어내기 때문입니다. 저 또한 가끔 기후 문제의 현실에 실망하거나 회의를 느끼다가도, 지나가는 공익광고 한 편, 주변 지인의 글 한 편에 마음을 다잡곤 합니다.

그래서 많은 예술 작품은 기후 문제를 주제로 사람들에게 질문을 던지고, 때로는 불편한 현실을 마주하게 합니다. 기후 변화로 인한 위험을 강조하는 작품부터, 일상의 작은 실천을 권유하는 작품까지 형태도 내용도 다양합니다. 일례로 서울시립미술관에서 열린 전시 「기후미술관: 우리 집의 생애」는 기후 위기에 처한 우리의 집, 즉 지구 생태계를 세 개의 집으로 표현했습니다. 이 전시는 기후 변화로 죽어가는 생태계와 인간의 주택, 그리고 벌, 새, 나비 등의 생존을 돕는 집을 통해 기후 위기의 현실을 체험하게 했습니다. 관람객들은 '동물'이나 '인류'라는 추상적인 인식에서 벗어나, 바로 '나 자신'이 기후 위기의 희생자가 될 수도 있다는 깨달음을 피부로 느낄 수 있었지요. 또한 예술은 예술 자체가 일으키는 환경 오염도 주제로 삼습니다. 부산 현대미술관의 「지속 가능한 미술관: 미술과 환경」 전시는 미술관 내 활동이 생태 환경에 미치는 영향을 고찰하며, 전시에서 쓰이는 가벽을 줄이거나 없애는 시도를 통해 환경 오염을 줄이려는 노력을 보여 주었습니다.

기후 변화와 관련된 체험 프로그램들도 많은 사람들이 기후 문제를 이해하고 실천하게 만드는 데 중요한 역할을 하고 있습니다. 예를 들어, 용인시 기후변화체험 교육센터에서는 어린이와 청소년을 대상으로 지구 온난화의 개념과 심각성을 알리고, 생활 속에서 직접 실행할 수 있는 친환경 실천 사항을 교육하는 프로그램을 운영하고 있습니다. 이곳에서는 재미있는 애니메이션과 체험 콘텐츠를 통해 기후 변화의 원인과 현상을 이해하고, 그에 대한 대응 방안을 배울 수 있습니다. 수원시 기후변화체험교육관 '두드림'은 연령층을 더욱 확대하여 유아부터 성인까지 다양한 연령층을 대상으로 맞춤형 교육 프로그램을 제공합니다. 이곳에서는 상설 전시관 해설을 통해 날씨, 기후, 기후 변화에 대해 알아보고, 생활 속에서 기후 변화에 대응할 수 있는 탄소 중립 실천을 직접 체험할 수 있습니다.

저 역시 직업상 이런 교육 프로그램이나 전시를 자주 찾곤 합니다. 그럴 때, 기후 문제에 이미 관심이 있던 분들이 전시나 체험을 통해 자신의 생각에 더욱 확신을 갖는 모습을 보는 것도 물론 의미 있지만, 개인적으로는 오히려 처음 이 문제를 접한 어른이나 아이들이 호기심을 가지고 여러 질문을 던지는 장면이 더 반갑게 느껴집니다. 어떤 주제든 전혀 모르던 분야에 처음 다가가는 것이 더욱 어려운 일이기 때문입니다.

하지만 이런 장벽을 예술이 조금이나마 낮춰주고 있다는 생각이 듭니다. 예술은 딱딱한 설명이나 어려운 이론이 아니라, 눈으로 보고 손으로 만지는 과정을 통해 기후 문제가 내 삶과 이어져 있다는 걸 자연스럽게 느끼게 해줍니다. 누군가는 그저 그때뿐이라고 할 수도 있겠지만, 그렇게 작은 공감이 쌓이면 언젠가는 실제 기후 행동으로도 이어질 수 있다고 믿습니다. 저는 그 시작을 만들어주는 것이 예술과 체험의 가장 중요한 역할이라고 생각합니다.

미술관과 영화관 속 기후 예술

해외에도 다양한 설치 예술 작품들이 기후 문제를 알리고 있습니다. 아이슬란드의 예술가 올라퍼 엘리아슨의 「아이스 워치」는 녹고 있는 빙하 12블록을 파리 기후 변화 회의에 운반하여 기후 위기의 현실을 직접 체험하게 했습니다. 엘리아슨은 사람들이 빙하가 실제로 녹아내리는 과정을 눈으로 보고, 직접 만져보게 했습니다. 엘리아슨의 목표는 빙하의 변화를 단순히 시각적으로 보여주는 것이 아니라, 사람들이 실제로 녹는 빙하에 다가가고, 손을 뻗어 만짐으로써 기후 위기의 현실을 피부로 느끼게 하는 것이었습니다. 이런 강렬한 경험 덕에 「아이스 워치」는 과학적 데이터가 아닌 예술을 통해 사람들의 감정에 직접적으로 호소할 수 있었고, 기후 변화의 심각성에 대한 인식을 높이는 데 중요한 역할을 했습니다.

런던 남부의 석탄 발전소에서 자란 가나계 흑인 예술가 존 아캄프라는 작품 「퍼플」을 통해 기후 변화와 인간 공동체 간의 관계를 다룹니다. 「퍼플」은 비디오 설치 작품으로, 다양한 영상과 소리로 구성된 수많은 채널로 기후 변화가 전 세계 사람들의 삶에 어떤 영향을 미치는지 탐구합니다. 기후 변화가 특정 지역이나 특정 계층의 문제가 아닌, 우리 모두에게 영향을 미치는 문제임을 강조하는 것이죠. 이뿐만 아니라 아캄프라는 식민주의, 산업화, 그리고 현재의 환경위기가 서로 얽혀 있는 복잡한 관계를 다루며, 기후 변화의 역사적, 사회적 배경을 깊이 있게 탐구합니다. 「퍼플」은 단순히 환경 문제를 다루는 것을 넘어, 역사적 맥락 속에서 인간과 자연의 관계에 대해 다시 생각하게 합니다.

사운드 아티스트 케이티 파터슨은 「긴 빙하, 눈 덮인 빙하, 태양의 세계 속 빙하Langjökull, Snæfellsjökull, Solheimajökull」라는 제목으로 빙하를 청각화했습니다. 작품의 제목은 실제 아이슬란드의 세 빙하 이름을 따온 것으로, 기후 위기로 사라져 가는 구체적인 장소의 빙하가 녹아 내리는 물방울 소리로 기후 위기의 긴박함을 감각적으로 전달했습니다. 이 소리는 일상생활 속에서 사람들에게 기후 변화의 현실을 분명한 소음으로 직접 들려주며, 무관심 속에서 진행되고 있는 기후 위기를 깨닫게 합니다. 특히 이 작품은 특이하게도 시각적인 요소가 아닌 청각적인 요소를 통해 사람들의 주의를 끌며, 빙하가 녹아내리는 소리가 곧 사라질 수 있는 지구의 소리임을 강조했습니다. 이러한 경험은 강력한 메시지를 전달하여 사람들이 환경 문제에 대해 더욱 깊이 생각하고 행동하게 만들지요.

기후 문제를 주제로 한 연극도 있습니다. 제28차 유엔기후변화협약 당사국총회COP28에서 열린 연극 「위기의 밝은 빛」은 기후 난민이 된 사람들이 불확실한 미래 속에서 어떻게 적응하고 살아가는지를 다루는 내용입니다. 기후 위기에 대한 경고와 동시에 이를 극복할 수 있는 기회와 희망을 담았지요.

행위예술도 기후 변화를 알리는 데 강력한 도구로 사용되고 있습니다. 예를 들어, 환경 운동가이자 행위예술가인 프랑스 예술가 조셉 카폰Joseph Capone은 「빙하 위에서 보낸 89일Refuge: 89 Days on the

Glacier」이라는 퍼포먼스를 통해 사라지는 빙하의 현실을 극적으로 전달했습니다. 알프스 몽블랑 인근 보송 빙하 위에 텐트를 치고 89일 동안 머물며, 인간이 기후 위기 앞에서 얼마나 무력한지를 몸으로 증명했지요. 체온 유지와 먹을거리 확보, 빙하 위 생존이라는 물리적 조건 자체가 이 퍼포먼스의 핵심이었습니다.

작가는 이 작품을 통해 "빙하가 빠르게 녹고 있지만, 그 속도를 우리는 눈으로 보기 어렵다"고 강조했습니다. 그리고 자신의 작품이 "이곳에서의 삶 자체가 사라지는 것을 지켜보는 퍼포먼스"라고 설명했지요. 조셉 카폰의 이 극한 실험은 단순한 체험을 넘어, 관객으로 하여금 기후 위기를 신체적 감각으로 받아들이게 하는 예술적인 전달 방식으로 평가받았습니다. 이러한 행위예술은 관객에게 강한 감각적 충격을 주어 기후 문제에 대한 인식을 높이고 행동을 촉구하지요.

중국 베이징에서는 「푸른 하늘을 위한 기도Praying for Blue Skies」라는 퍼포먼스가 진행된 적 있습니다. 이 퍼포먼스에서 예술가 23명은 심각한 스모그에 시달리는 베이징 천단天坛 앞에 모여, 모두 방진 마스크를 착용한 채 바닥에 엎드려 절하는 행위를 펼쳤습니다. 이 집단적 행위는 대기 오염으로 인해 숨쉬기조차 어려운 현실을 신체적으로 드러내며, 사회적인 경각심과 문제 의식을 환기시켰습니다. 깨끗한 하늘을 염원하는 시민들의 간절한 마음을 예술적으로 표현하면서

181

도 환경 개선과 기후 위기 대응의 필요성을 강력히 촉구하는 메시지를 담은 퍼포먼스였습니다. 이 작업은 중국 사회와 언론에서 널리 보도되었으며, 대기 오염과 기후 변화 문제에 관한 메시지를 전달하기 위해 신체적 경험과 예술적 표현을 결합한 대표적 환경 퍼포먼스 사례로 소개되곤 합니다.

영화로 보는 기후 변화

영화도 기후 변화를 표현하는 강력한 매체로 자리 잡았습니다. 가장 최근 개봉작 중 하나인 「돈 룩 업Don't Look Up」은 멸종 위기를 앞둔 인류와 그에 무관심한 사회를 신랄하게 조명하며, 언론의 역할을 맡은 기자와 이를 외면하는 정부와 기업, 무심한 대중의 모습을 통해 기후 변화가 단순히 과학적 문제가 아닌, 사회 구조와 인간 심리를 포괄하는 복합적 과제임을 보여줍니다.

특히 영화 속 상징적인 장면 중 하나는, 혜성이 지구를 향해 다가오고 있음에도 미국 대통령과 참모진이 이를 중간선거용 정치 이벤트로 활용하려 하는 대목입니다. 이 장면은 과학이 명확한 경고를 보내고 있음에도 정치적 이해관계에 따라 이를 외면하거나 왜곡하는 현실을 풍자합니다. '돈 룩 업'이라는 영화 제목 자체가 "위험을 보지 말라"고 외치는 사회 분위기를 비꼬고 있지요. 이처럼 기후 문제에서 '지금 해결하지 않아도 된다', '별일 아니다'는 외침을 외면하는 심리가 작동하고 있다는 것을 비판적인 시각으로 보여줍니다.

부산 언론이 주도한 기후 위기 영화제 속 다큐멘터리 「2050」은 현재의 환경 파괴가 불러올 미래를 시각적으로 경고하며, 기후 문제의 긴박성을 실감하게 합니다. 배우 레오나르도 디카프리오가 제작한 「비포 더 플러드Before the Flood」는 지구 곳곳의 환경 파괴 현장을 보여주며 기후 변화의 심각성과 그로 인한 영향을 경고합니다. 또한 알폰소 쿠아론 감독의 「칠드런 오브 맨Children of Men」은 기후 변화와 환경 위기를 배경으로 한 디스토피아적 영화로, 급격한 기후 변화와 자원 고갈로 인해 생존이 중요한 과제로 떠오른 미래를 그리고 있습니다.

이 외에도, 픽사 애니메이션 「월-EWALL-E」는 기후 위기 이후 황폐해진 지구를 배경으로 인간과 로봇의 이야기를 통해 우리가 직면한 환경 문제와 소비주의의 폐해를 비판합니다. 영화는 먼 미래, 인간이 환경 파괴로 인해 지구를 떠나 우주로 피신한 뒤의 이야기를 다룹니다. 지구는 쓰레기로 뒤덮여 생명이 살 수 없는 곳이 되었고, 인류는 우주에서 나태한 삶을 살고 있지요. 지구에 남겨진 쓰레기 처리 로봇

월-E는 오랜 시간 동안 홀로 지구를 청소하며 인간이 남긴 문명의 잔재를 수집합니다. 그러던 중, 월-E가 식물을 찾아내면서 인류가 다시 지구로 돌아올 가능성을 열게 되는 내용입니다.

월-E는 인간의 무분별한 소비주의와 그로 인한 환경 파괴를 황폐화된 지구를 통해 시각적으로 강렬하게 보여주며, 우리가 현재의 행동을 바꾸지 않으면 어떤 미래가 기다리고 있을지를 경고합니다. 또한, 로봇과 인간의 관계를 통해 환경 문제 해결을 위한 협력의 중요성도 강조합니다.

아름다운 영상미로 인기를 끌었던 일본 애니메이션 「날씨의 아이」 역시 기후 변화로 인해 변덕스럽게 바뀌는 날씨와 그에 적응해 가는 인물들의 이야기를 통해 기후 변화가 사람들의 삶에 어떤 영향을 미치는지 섬세하게 표현하고 있습니다. 영화는 도쿄를 배경으로, 날씨를 조종할 수 있는 신비한 능력을 가진 소녀와 그녀를 돕는 소년의 이야기를 중심으로 전개됩니다.

기후 변화로 인해 끝없이 이어지는 비와 극단적인 날씨 변화는 도시 사람들의 삶을 뒤흔들며, 두 주인공은 이러한 상황 속에서 자신들의 역할과 선택을 고민하게 됩니다. 「날씨의 아이」는 단순한 로맨스나 판타지 장르를 넘어, 인간이 자연에 미치는 영향과 그에 대한 책임, 그리고 기후 변화가 사람들의 일상과 정서에 미치는 영향을 깊이 있게 탐구합니다. 이처럼 영화는 우리가 환경 문제를 어떻게 받아들이고 대응해야 하는지에 대한 질문을 던지며, 개인의 선택이 얼마나 중요한지에 대해 생각하게 합니다.

기후 문제를 다룬 예술은 단순한 경고를 넘어, 우리가 현실에 대해 더 많은 감정을 느끼고 행동하게 만듭니다. 그것이 전시이든, 연극이든, 영화이든, 감상하는 사람의 마음에 닿는 순간 우리는 조금씩 변화의 가능성을 찾아낼 수 있습니다. 시대를 막론하고 예술의 힘은 감정과 경험을 통해 더 많은 사람을 행동하게 하는 데 있습니다. 그리고 기후 위기에 적극적으로 대처해야 하는 지금, 예술의 힘은 기후 행동의 중요한 원동력으로 작용합니다.

환경 보호를 위한
새로운 실천

친환경 생활을 위한 한 걸음

"기후 변화를 위해서 각자 할 수 있는 일이 무엇이 있을까요?"

제가 기후와 환경 문제를 취재한다고 말하면 여기저기에서 많이 듣게 되는 질문입니다. 일단 하나라도 실천하고 싶은데 플라스틱 빨대를 쓰지 않거나 물 아껴 쓰기, 분리수거 잘하기 외에 다른 방법이 있는지 궁금해하기도 하죠.

우선, 이 글을 쓰고 있는 지금은 무더위가 절정에 다다른 여름철이라 주변에 반팔과 반바지를 입을 것을 강력히 권하고 있습니다. 내리쬐는 햇볕에 습한 공기로 꿉꿉한 여름, 정부 기관을 출입하거나 학계 전문가 등 웃어른을 뵐 일이 있을 때도 최소한의 격식은 지키되 가벼운 옷차림으로 체온을 낮추고, 냉방 강도를 줄이려고 노력합니다. 실제로 소매의 기장이나 옷의 재질에 따라 체감온도에 꽤 차이가 있습니다. 자동차 대신 대중교통이나 자전거를 타고, 엘리베이터 대신 계단을 이용하는 것도 비슷한 선상의 실천입니다. 모두 작은 행동이지만, 에너지를 덜 쓰고 온실가스 배출을 줄이는 노력입니다.

비슷하게 겨울철, 집안에 있을 때 옷 한 겹을 더 입는 것도 기후 대응 방안입니다. 어릴 적에는 난방을 켜고 속옷 차림으로 지내는 걸 당연하게 여기곤 했는데요. 지금 보면 옷으로 해결할 수 있는 보온을 난방으로 해결했으니, 에너지만 낭비한 셈입니다. 이때는 실내 온도를 조금 낮추고 보온이 잘 되는 옷을 챙겨 입는 게 훌륭한 선택입니다. 창문 틈이나 문틈으로 빠져나가는 열기를 막는 것도 같은 효과를 내지요. 기후 위기에 대응하는 방법에는 특별한 것이 없습니다. 그저 평범한 일상에서 '기후 생각 한 스푼'을 더하는 것부터 시작입니다.

집안에서 쓰지 않는 조명을 끄는 일도 간과하기 쉽습니다. 사용하지 않는 방의 불이 하루 종일 켜져 있는 경우가 적지 않다고 합니다. 미국 에너지부DOE에 따르면, 가정에서 조명을 껐을 때 전기 사용량의 10~15%를 절약할 수 있다고 합니다. 여기에 TV나 충전기, 인터넷 공유기 같은 가전제품도 사용하지 않을 때 플러그를 뽑거나 대기 전력을 차단하면 추가 절약이 가능합니다. 대기전력만 줄여도 가정 내 전력 사용량의 약 5~10%를 줄일 수 있지요.

한 번 산 옷이나 물건을 오래 쓰는 것도 중요합니다. '패스트패션'이 환경 문제로 지적된 건 오래된 일입니다. 옷을 오래 입는 것은 소재나 브랜드에 관계없이 환경에 긍정적인 영향을 줍니다. 패스트패션으로 만들어진 옷이라도 빨리 버리지 않고 오래 입으면, 생산과 폐기 과정에서 발생하는 온실가스 배출을 줄일 수 있는 것이죠. 그래도 '패스트패션' 의류를 사는 것 자체가 문제라는 식의 의견도 있습니다. 물론 이런 옷을 아예 사지 않는 것이 가장 효과적인 방법일 겁니다. 하지만 옷 한 벌이 만들어질 때부터 이미 환경에 영향이 간 상태이므로, 있는 옷을 버리고 친환경적인 새 옷을 다시 사는 것보다 지금 가진 옷을 최대한 오래 쓰는 게 낫다는 의미입니다.

다만 의류 산업 전체가 바뀌어야 한다는 점은 분명합니다. 단순히 개인이 옷을 오래 입는 실천만으로는 한계가 있습니다. 의류 기업이 환경에 대한 고민을 포기하지 않고, 무분별한 의류 생산을 자제한다면 개인의 실천에 비할 수 없이 큰 효과가 날 것입니다. 의류 생산 과정에서 발생하는 막대한 온실가스 배출과 자원 낭비 문제를 줄이려면, 기업과 산업 차원의 변화도 꼭 필요합니다.

실제로 전 세계 온실가스 배출량의 약 10%가 의류 산업에서 발생하고 있습니다. 유엔유럽경제위원회UNECE는 의류 한 벌의 평균 사용 기간을 2배로 늘리면, 관련 온실가스 배출과 물 사용량을 약 20~30% 줄일 수 있다고 분석했습니다.

옷이 낡았을 때는 수선해서 다시 입거나, 중고 거래를 통해 순환시키는 것도 좋은 방법입니다. 최근에는 유럽을 중심으로 수선 동호회처럼 활동하는 '리페어 카페' 같은 시민 활동이 늘고 있는데, 고장 난 물건을 함께 고쳐서 다시 사용하는 문화입니다. 이처럼 새 제품을 사지 않는 것 자체가 에너지와 자원 낭비를 줄이는 길입니다.

사실, 이렇게 한 명 한 명이 실천한다고 해서 세상이 단번에 바뀌진 않습니다. 나 하나쯤이야 하고 생각하면 무력해 보이기도 합니다. 그럼에도 에코백이나 텀블러 사용은 환경을 위한 작은 첫걸음이 될 수 있습니다. 이 두 가지만으로 충분하지 않다고 해서 이 작은 행동들을 소홀히 해서는 안 됩니다. 우리의 일상 속 작은 실천들이 모여 큰 변화를 만들어낼 수 있기 때문이죠.

2020년 연구에 따르면, 플라스틱 봉투의 사용을 줄이기 위한 에코백의 사용은 플라스틱 쓰레기를 줄이는 데 도움을 줍니다. 또한, 일회용 컵 대신 텀블러를 사용하면 연간 대략 2.5kg의 이산화탄소 배출을 줄일 수 있다고 합니다. 한국환경공단에 따르면, 대한민국에서만 매년 약 3,000억 개의 플라스틱 백이 사용되며, 이를 에코백으로 대체할 경우 상당량의 플라스틱 사용을 줄일 수 있습니다. 그러나 이것만으로는 글로벌 온난화와 같은 큰 환경 문제들을 해결하기에는 부족합니다.

에코백 사용조차 몇 가지 단점이 있습니다. 에코백, 특히 면이나 캔버스로 만들어진 것들은 생산 과정에서 상당량의 물과 에너지를 소비하며, 이는 탄소발자국을 증가시킵니다. 영국 환경청의 연구에 따르면, 면 에코백은 제조 과정에서 일회용 플라스틱 백보다 약 173배 더 많은 탄소 발자국을 남긴다고 합니다. 따라서 에코백 사용으로 환경 보호의 효과를 거두려면 최소 173번 이상 재사용해야 합니다.

또한, 에코백이 재사용되지 않고 한두 번 사용 후 버려지는 경우, 환경 보호의 효용성은 크게 떨어집니다. 면이나 캔버스와 같은 소재는 자연 분해되는 데 오랜 시간이 걸릴 수 있습니다. 그래서 제대로 폐기되지 않을 경우 환경 오염을 일으킬 수도 있죠. 게다가 에코백 제조를 위한 면 재배에는 대량의 화학 비료와 살충제가 사용됩니다. 이러한 화학 제품은 지구 온난화를 야기하고 수질 오염의 원인이 되기도 합니다. 이 때문에 에코백을 여러 개 쓰는 것보다 하나를 오래 쓰는 게 더 효과가 좋습니다. 텀블러 역시 마찬가지입니다.

에코백에 텀블러를 넣어 다니는 것만큼 쉽게 실천할 수 있는 방법은 또 있습니다. 그건 바로 에너지 사용을 줄이는 것입니다. 집에서 사용하는 전기 기기의 효율을 높이기 위해 대기 전력을 차단하거나 에너지 효율이 높은 제품을 선택하는 것이 좋습니다. 예를 들어, LED 전구로 교체하면 에너지 소비를 크게 줄일 수 있습니다. 미국 환경보호청EPA에 따르면 LED 전구는 전통적인 백열등보다 약 75% 적은 에너지를 사용하고 최대 25배 더 오래 지속된다고 합니다.

대중 교통 이용, 자전거 타기 또는 걷기와 같은 친환경 교통 수단을 이용하는 것도 탄소발자국을 줄이는 효과적인 방법입니다. 유럽 환경국EEA의 보고서에 따르면, 자동차 대신 대중교통이나 자전거를 이용하면 이동으로 인한 개인의 탄소 배출을 최대 75%까지 줄일 수 있어요.

이런 정책으로 온실가스 배출 조절에 성공한 사례도 있습니다. 네덜란드 암스테르담은 출퇴근 교통의 약 40%가 자전거로 이루어져 있고, 그 결과 교통 분야에서의 온실가스 배출이 다른 도시보다 낮습니다. 프랑스 파리도 '차 없는 날' 캠페인과 자전거 도로 확대 정책을 통해 자동차 이용을 줄이고 교통 혼잡과 대기 오염을 함께 낮추고 있습니다.

사람으로 치면, 평소 자동차로 통근하던 사람이 일주일에 하루만 대중교통으로 바꿔도 연간 약 250kg의 이산화탄소 배출을 줄일 수 있다고 합니다. 그리고 이렇게 10년을 계속하면, 사람 한 명의 힘으로 소나무 180그루가 1년간 흡수하는 양과 맞먹는 이산화탄소를 줄일 수 있습니다. 하루하루 작은 움직임이지만, 쌓이면 꽤 큰 차이를 만들어내는 것이지요.

깨끗한 미래를 위한 정치 참여

또한, 만 18세 이상이 된 분들이라면 기후 변화를 위해 할 수 있는 게 또 있어요. 어쩌면 가장 강력한 실천인데요. 바로 '투표'입니다. 여러분의 한 표는 환경을 보호하고 기후 변화에 대응하는 정책을 추진하는 정치인과 정당을 지지하는 중요한 수단이 됩니다. 각 나라의 정치인들과 정당들은 각기 다른 환경 정책을 제시하는데, 이들 정책은 장기적으로 지구의 기후에 큰 영향을 미칩니다.

예를 들어, 어떤 정당은 재생 에너지를 적극적으로 확대하고자 하는 반면, 다른 정당은 전통적인 에너지원에 더 의존하려 할 수 있습니다. 이렇게 각자가 투표를 통해 환경 친화적인 정책을 지원하는 정치인이나 정당을 선택함으로써, 기후 변화에 적극적으로 대응하고 지속 가능한 미래를 만드는 데 기여할 수 있습니다.

실제로 2019년 유럽 의회 선거에서는 환경 문제에 초점을 맞춘 녹색당이 큰 승리를 거두었어요. 유럽 전역에서 기후 변화에 대한 우려가 증가하면서, 많은 유권자들이 환경 보호를 약속한 후보들에게 투표했습니다. 이런 변화는 유럽연합EU의 정책 결정에도 영향을 미쳤고, EU는 이후 여러 강력한 기후 행동 계획을 발표했습니다. 그 결과, 유럽연합은 2050년까지 탄소 중립을 목표로 하는 '유럽 그린 딜'을 제안하기에 이르렀죠.

2020년 미국 대선에서도 기후 변화에 대한 유권자들의 의견이 선거 결과에 중요한 영향을 미쳤다는 연구 결과가 있습니다. 이 연구에 따르면, 기후 변화를 중요하게 생각하는 유권자들은 더 환경적인 정책을 지지하는 후보에게 투표하는 경향이 있었고, 이는 선거 결과에 영향을 주기 충분한 유권자 수의 변화를 만들어냈습니다. 결국 파리협정 탈퇴를 공약했던 도널드 트럼프 미국 대통령은 당시 재선에 실패했고요.

이밖에도 에너지 절약 캠페인에 참여하거나, 친환경 제품을 선택하고, 지역 커뮤니티에서 환경 보호 활동에 나서는 등 다양한 실천이 있습니다. 어떤 이들은 사회 구조와 산업 시스템이 바뀌지 않으면 개인의 실천은 일시적 수고에 그칠 뿐 실질적인 변화를 만들기 어렵다고 지적합니다. 실제로 온실가스 배출의 대부분은 에너지, 산업, 교통 같은 구조적 영역에서 발생한다면서요.

하지만 개인의 실천이 사회적 변화를 이끄는 첫걸음이 될 수도 있습니다. 플라스틱 사용을 줄이자는 시민들의 요구는 결국 일부 국가에서 플라스틱세 도입으로 이어졌습니다. 유럽연합EU은 시민들의 지지에 힘입어 '유럽 그린 딜'을 추진하게 됐고, 재생 에너지 확대와 내연 기관차 단계적 퇴출 등 강력한 정책을 시행하고 있습니다. 시민의 힘이 정책을 만들고, 나아가 기후 중심의 체제를 만든 겁니다. 한국에서도 시민들의 관심이 높아지면서 탄소중립기본법 제정, 친환경차 보급 확대 같은 제도적 변화가 일어나고 있습니다.

대중교통을 이용하고, LED 전구로 교체하고, 에코백 하나를 오래 쓰는 개인의 행동은 에너지 소비를 줄이고 온실가스 배출을 낮추는 데 분명한 효과가 있습니다. 시민 개개인의 선택이 모이면 사회 구조와 정책 변화로도 이어질 수 있습니다. 우리 삶의 방식이 바뀌고 사회의 시스템이 달라진다면 지구는 더 건강해지고, 우리의 삶은 더 편안하고 안전해질 겁니다. 마치 이인삼각 경기를 하듯, 일상의 작은 실천과 사회적 변화가 함께 이루어져야 지속 가능한 미래를 열 수 있습니다.

CLIMATE BREAKDOWN

3부

기후를 바로잡기 위한 노력

숲으로 가는
탄소 중립

환경을 위한 올바른 숲 사용법

숲은 자연이 만들어 낸 최고의 '공기 청정기'입니다. 그런데 이 나무, 숲 전체가 실제로 기후 변화 대응에도 큰 역할을 하고 있다는 사실, 알고 있었나요? 이 역할을 국가적으로 정리해 놓은 개념이 바로 LULUCF입니다. 조금 어려운 용어일 수 있지만, 이 단어는 우리가 앞으로 탄소 중립 사회로 나아가는 데 중요한 힌트를 줍니다.

LULUCF는 Land Use, Land-Use Change and Forestry의 약자로,

'토지 이용, 토지 이용 변화, 그리고 산림'을 뜻합니다. 이 말은 쉽게 말해서 '사람이 땅을 어떻게 사용하고, 숲을 어떻게 가꾸고 있는가'가 온실가스 배출과 흡수에 어떤 영향을 미치는지를 분석하는 분야라는 뜻입니다. 이를테면, 논이나 밭을 숲으로 바꾸면 탄소 흡수량이 늘어나고, 반대로 숲을 없애고 도로나 건물을 짓는다면 흡수 능력이 줄어들겠죠. 즉, 우리의 토지 이용 방식은 온실가스 순배출량을 줄이거나 늘리는 데 직접적인 영향을 줍니다.

한국은 사실 '숲이 많은 나라'입니다. 국토의 약 63%가 산림으로 이루어져 있으며, 이는 OECD 국가 중에서도 높은 수준에 속합니다. 그런데 이렇게 많은 숲은 우리나라의 기후 변화 대응 전략에서 매우 중요한 의미를 지닙니다. 산림청 자료에 따르면 2018년 기준, 우리나라 산림은 약 4,560만 톤의 이산화탄소를 흡수했어요. 이 양은 같은 해 한국 전체 온실가스 배출량 약 7억 톤의 약 6.5%를 상쇄한 것이나 마찬가지입니다. 즉, 산림은 한국의 탄소 중립 목표를 달성하는 데 있어 중요한 이산화탄소 흡수원 역할을 하고 있는 셈입니다.

하지만 이 수치는 매년 일정하게 유지되지 않습니다. 산림도 나이가 들고, 병들고, 쓰러지기 때문입니다. 한국의 숲 대부분은 1970년대에서 1980년대에 대규모 조림 정책으로 조성된 것들입니다. 당시에는 일제 강점기와 전쟁을 거치며 황폐해진 산림을 복구하기 위해 전국적으로 나무를 심는 운동이 활발했습니다. 덕분에 울창한 산림을 다시 되찾을 수 있었지만, 문제는 그 나무들이 대부분 같은 시기에 심어졌다는 점입니다. 시간이 흘러 30~50년이 지나자 이 나무들은 동시에 노령기에 접어들게 되었고, 이제는 관리가 필요한 시점이 된 것이죠.

산림의 탄소 흡수 능력은 나무의 생장 주기와 매우 밀접한 관계가 있습니다. 나무는 생장기에는 빠르게 이산화탄소를 흡수해 몸집을 키웁니다. 그러나 일정 시간이 지나 성장이 느려지고, 병들거나 고사하게 되면 더는 이산화탄소를 흡수하지 못하고 오히려 분해되는 과정에서 이산화탄소를 다시 배출할 수도 있습니다. 이러한 이유로 숲은 '심는 것' 못지않게 '가꾸는 것'이 중요합니다.

그래서 등장한 개념이 바로 '숲 전환Forest Transition'입니다. 이는 단순히 나무를 많이 심는 것을 넘어서, 숲의 질을 개선하고, 다양한 생물종이 공존할 수 있도록 숲의 기능을 회복하는 전환을 의미합니다. 더 나아가 숲이 단지 이산화탄소 흡수원으로만 활용되는 것이 아니라, 사람과 자연이 함께 공존할 수 있는 공간으로 탈바꿈해야 한다는 뜻이기도 합니다. 예를 들어, 도시 인근의 숲을 공원처럼 관리하거나, 생태 숲으로 복원해 도시열섬 효과를 완화하는 것도 숲 전환의 일환이 될 수 있어요.

한국 정부도 이러한 필요성을 인식하고 산림부문 탄소 중립 전략을 추진하고 있습니다. 산림청은 2021년 '2050 탄소 중립 산림부문 추진 전략'을 발표하며, 노령림 갱신, 도시숲 확대, 산림바이오매스 활용 등을 주요 과제로 제시했습니다. 이 중 '노령림 갱신'이 특히 중요한데요. 늙고 병든 나무들을 수확하고, 그 자리에 새로운 나무를 심는 방식으로 숲을 재구성하는 과정입니다. 이 과정에서 수확된 목재는 장기 탄소 저장 형태로 사용되며, 새로운 나무는 다시 빠르게 이산화탄소를 흡수할 수 있어 전체적인 흡수 능력을 유지하게 됩니다.

기술적 접근도 활발합니다. 산림청은 위성 기반의 LiDAR라이다 기술을 활용해 전국 산림의 탄소 흡수 능력을 정밀하게 측정하고 있습니다. 기존에는 단순 면적 중심으로 추정하던 것을 넘어서, 실제 입체적인 나무의 구조와 생장을 반영한 데이터 분석이 가능해졌습니다. 이 데이터를 통해 산림의 관리 우선순위를 정하고, 지역별 맞춤형 숲 전환 정책을 수립할 수 있습니다.

또한, 우리나라는 국내에서만 산림을 관리하는 데 그치지 않고, 다른 나라의 산림 조성 사업도 진행하고 있습니다. 몽골, 카자흐스탄, 인도네시아 등에서 한국 기업이나 정부 기관이 참여하는 조림 사업이 그것입니다. 이런 사업은 '해외 감축분 인정 제도OFFSET'와 연계되기도 하며, 한국의 국가 온실가스 감축 목표NDC에 기여하도록 설계

되어 있습니다. 물론 이에 대해서는 '국내 배출은 그대로 두고 국외 흡수로 면피한다'는 비판도 존재하지만, 기후 위기는 전 지구적 문제이기 때문에 국경을 넘는 협력도 중요한 전략입니다.

기후 위기 대응의 최전선, 숲

숲이 기후 위기 대응에 크게 기여하는 것은 분명합니다. 그런데 왜 그럼에도 불구하고 '숲도 그린워싱이 될 수 있다'는 이야기가 나올까요? 여기에는 탄소 흡수량의 산정 방식과, 숲의 실질적인 관리에 대한 투명성 문제가 얽혀 있습니다. 일부 기업이나 기관은 실제로 숲을 가꾸는 행동은 하지 않으면서, 탄소 배출권 거래 시장에서 산림 조성 크레딧을 구매해 '탄소 중립을 실현했다'고 광고합니다. 또는 오랜 기간 방치된 산림을 새롭게 조성한 것처럼 포장하기도 합니다. 이처럼 '숲을 이용한 탄소 상쇄'가 정당한 감축 노력인지, 아니면 책임 회피인지에 대한 논란은 계속되고 있습니다.

또한, 탄소 흡수원으로서의 숲이 가진 한계도 명확히 이해할 필요가 있습니다. 숲은 영구적인 탄소 저장소가 아니며, 산불이나 병해충, 기후 변화 자체의 영향으로 흡수 기능을 잃을 수도 있습니다. 최근 강원도와 경북 지역의 대형 산불은 이런 위험을 잘 보여주었죠. 이처럼 숲은 우리를 지켜주는 존재이지만, 반대로 관리가 미흡할 경우 기후 위기를 악화시킬 수도 있는 양면성을 가지고 있습니다.

그렇기에 도시 속에도 숲을 조성하는 것이 중요합니다. 최근 서울, 부산, 대전 등 주요 도시에서는 '도시숲 조성 사업'이 활발히 진행되고 있습니다. 도시의 녹지는 대기 정화, 열섬 완화, 생물다양성 확보 등 다양한 기능을 하며, 시민들의 정신 건강과 생활 만족도에도 긍정적인 영향을 미칩니다. 특히 학교 숲, 옥상녹화, 아파트 단지 녹지 등은 청소년들에게 기후 위기를 피부로 체감하는 실질적인 교육 공간이 될 수 있습니다. 이런 도시숲은 단지 장식용이 아니라, 도심 속에서 실질적으로 탄소 흡수에 기여하는 '작은 기후 인프라'라고 할 수 있어요.

이제 우리는 숲을 '심는 것'에만 만족해서는 안 됩니다. 진짜 중요한 것은 숲을 '지속 가능하게 유지하고 관리하는 것'입니다. 그러기 위해서는 전문가의 기술뿐 아니라, 시민의 참여도 필수입니다. 실제로 전국 곳곳에서는 마을 단위의 산림 관리 협동조합, 주민 참여형 숲 가꾸기 프로그램, 청소년 대상 산림 교육 등이 진행되고 있으며, 이러한 참여는 기후 대응력뿐 아니라 지역 공동체의 유대감까지 키워주는 효과가 있습니다.

결론적으로 숲 전환이란 단순히 나무를 심고 숲을 만들기만 하는 일이 아닙니다. 그것은 인간 중심의 토지 이용 방식을 바꾸고, 자연의 회복력을 회복하는 일입니다. 한국은 산림을 많이 가진 나라지만, 그만큼 유지와 관리를 제대로 하지 않으면 되레 감축 성과가 사라질 수 있습니다. LULUCF는 한국이 기후 위기 시대에 어떤 선택을 할지를 가늠하는 시험대입니다. 우리는 이제 기후를 위해 숲을 바라보는 눈을 바꿔야 합니다. '숲을 심자'에서 '숲을 바꾸자'로, 그리고 '숲을 지키자'에서 '숲과 함께 살자'로 나아가야 할 때입니다.

숲은 조용히 존재하지만, 그 안에서 무수한 생명과 탄소가 순환하고 있습니다. 우리는 그 숲에 대해 얼마나 알고 있을까요? 앞으로 여러분이 숲길을 걷게 된다면, 그곳이 단순한 산책로가 아니라 기후 위기 시대의 최전선임을 함께 떠올려보면 좋겠습니다.

재생 에너지의
모든 것

재생 에너지의 현재와 미래

기후 문제를 이야기하다 보면 빼놓을 수 없는 것이 바로 재생 에너지입니다. 재생 에너지란 화석 연료와 원자력 등 기존의 에너지원을 대체할 수 있으면서도, 환경에 해를 끼치지 않고 무한하게 쓸 수 있는 에너지를 말해요. 즉, 환경 오염 없이 계속해서 사용할 수 있기 때문에 '재생' 에너지라고 부르는 것이지요. 그중 가장 널리 쓰이는 것은 풍력과 태양광 에너지입니다. 풍력과 태양광 에너지는 매력적인 재생 에너지원이지만 몇 가지 한계를 가지고 있어요. 예를 들어, 풍력 에너지는 바람이 일정하게 부는 지역에서만 효과적이며, 큰 풍력 터빈 설치가 환경 및 생태계에 미치는 영향도 고려해야 합니다. 태양광 역시 햇빛이 나야 쓸 수 있는 만큼 날씨에 크게 의존적이고, 낮 동안만 전력을 생산할 수 있다는 점에서 생산한 전력을 저장하는 기술의 발달이 필수적이죠.

이런 한계를 극복하기 위해, 앞으로는 에너지 저장 기술의 발전과 함께 효율적인 에너지 관리 시스템을 개발하는 것이 중요합니다. 이러한 기술들이 어떻게 발전하고 있는지 지켜보며, 기술의 발전이 지속 가능한 미래에 어떻게 기여할 수 있을지 생각해 볼까요?

풍력 및 태양광 발전 시설을 설치할 때는 지역 공동체와의 갈등이 발생합니다. 이에 다른 나라는 다양한 해결책을 통해 갈등을 조율했습니다. 영국 스코틀랜드에서는 풍력 발전 프로젝트가 진행될 때, 지역 공동체가 수익의 일부를 받을 수 있는 구조를 마련하여 지역 주민들의 지지를 얻었습니다. 독일에서는 태양광 패널 설치 시 지역 주민들에게 우선적으로 투자 기회를 제공함으로써, 경제적 이익을 공유하고 프로젝트에 대한 긍정적 인식을 심어주었지요.

네덜란드에서는 발전으로 얻은 수익의 일부를 지역 개발에 재투자하여 지역 경제 활성화를 이끌었다고 해요. 또한 풍력 발전 시설을 도입하면서 생겨난 지역 공동체의 우려를 해소하기 위해 환경 영향 평가를 철저히 실시하고, 그 결과를 지역 사회와 공유했어요. 이 과정에서, 발전 시설로 인한 소음과 자연 경관 변화에 대한 주민들의 우려를 충분히 듣고, 이렇게 모은 의견을 바탕으로 실용적인 해결책을 제시함으로써 지역 주민들의 수용성을 높일 수 있었습니다.

인도에서는 재생 에너지 프로젝트를 추진하면서 지역 사회의 참여를 강조하고 있습니다. 인도 정부는 특히 태양광 프로젝트에 집중하고 있으며, 농촌 지역의 친환경 에너지 접근성 향상을 목표로 하고 있습니다. 이를 위해 여러 마을에 소규모 태양광 패널을 설치하여 전력을 공급하고 있어요. 인도 사례를 보면 인도 정부는 일반 국민들에게 친환경 인식을 심어주는 걸 우선으로 생각하는 듯합니다.

한국에서는 에너지 IT 기업 식스티헤르츠와 같은 기업이 이러한 접근 방식을 취하고 있습니다. 식스티헤르츠는 재생 에너지 프로젝트를 추진하면서 지역 사회와의 협력을 강조합니다. 이 기업은 프로젝트 초기 단계부터 지역 주민들과의 소통을 중요시하며, 주민들의 의견을 반영한 개발 계획을 수립합니다. 또한, 프로젝트로 인해 발생하는 경제적 이익을 지역 사회와 나누며 지역 경제 활성화에 기여하고 있습니다. 이러한 방식은 지역 주민들의 지지를 얻고 재생 에너지 프로젝트를 성공적으로 진행할 수 있게 하지요.

그런데 정확히 어떻게 지역 주민들과 이익을 나눈다는 것일까요? 예를 들어, 식스티헤르츠는 풍력 발전소를 건설할 때 지역 주민들에게 우선적으로 일자리를 제공하고, 발전소 운영으로 인한 수익의 일부를 다시 지역 사회 개발 프로젝트에 투자합니다. 일회성 보상금을 주는 것이 아니라 지역 주민들이 직접적이고 지속적인 경제적 이익을 얻을 수 있게 하여, 프로젝트에 대한 긍정적인 인식을 높이는 효과를 가져옵니다. 재생 에너지가 실제 사업 모델이 되고, 지역 소멸을 늦출 수 있는 동인이 되는 셈입니다.

하지만 식스티헤르츠는 하나의 예시일 뿐입니다. 이 기업이 전국의 재생 에너지 프로젝트를 도맡아 할 수는 없지요. 그러니 이러한 성공 사례를 참고해서 지속 가능한 에너지 개발을 위한 다양한 전략을 마련할 필요가 있습니다.

예를 들어, 풍력 에너지 분야에서는 고고도 풍력 터빈이 연구되고 있습니다. 고고도 풍력 터빈이란 대기 중 높은 고도에서 부는 더 강력하고 지속적인 바람을 이용하여 에너지를 생산할 수 있게 합니다. 하늘 위에서 도는 풍차 같은 개념이라고 보면 됩니다. 이처럼 지상의 바람보다 더 안정적인 풍력을 쓰는 고고도 풍력 터빈은 전통적인 지상 풍력 터빈보다 효율이 높을 것으로 기대됩니다.

태양광 에너지 분야에서는 페로브스카이트 태양 전지와 같은 차

세대 태양 전지 기술이 주목받고 있습니다. 페로브스카이트 태양 전지는 현재 상용화된 실리콘 태양 전지보다 저렴하면서도 높은 효율을 제공할 수 있다는 잠재력을 가지고 있습니다.

다만 크기를 키우면 효율과 수명, 안정성이 낮아진다는 문제가 있습니다. 작은 크기에서는 높은 효율을 보이지만, 넓은 면적으로 만들면 재료의 균일도가 떨어지거나 열과 습기에 약한 성질이 더 잘 드러나 효율이 낮아질 수 있기 때문입니다. 영국 케임브리지대학과 한국화학연구원 등에서는 이런 문제를 해결하기 위한 연구를 진행 중입니다. 그 결과 최근에는 재료를 더 단단하게 만들거나, 표면 처리를 통해 습기와 열에도 안정적으로 작동하도록 개선하는 방법이 개발되고 있습니다.

아울러 에너지 저장 기술도 중요한 연구 분야입니다. 앞서 말했듯 재생 에너지는 발전 시기에 제약이 있기 때문입니다. 그래서 리튬이온 배터리의 성능을 향상시키기 위한 연구가 활발히 진행 중이며, 고체 전해질 배터리Solid-state Battery와 같은 차세대 배터리 기술도 개발되고 있습니다. 이러한 배터리 기술은 더 높은 에너지 밀도와 안전성을 제공하여 태양광 및 풍력 에너지의 저장 문제를 해결할 수 있습니다.

첨단 기술로 날개를 다는 재생 에너지

풍력과 태양광 에너지의 한계를 극복하기 위해서는 첨단 기술 도입도 병행해야 합니다. 최근에는 에너지 저장 시스템Energy Storage System, ESS의 발전이 주목받고 있습니다. 예를 들어, 리튬이온 배터리와 같은 대규모 에너지 저장 솔루션이 개발되면서, 에너지를 효율적으로 저장하고 필요할 때 사용하기 점점 편해졌습니다. 또한, 인공지능AI과 사물인터넷IoT을 활용해 전력망의 효율을 높이는 스마트 그리드 시스템은 에너지 수요와 공급을 실시간으로 조절하여 에너지 효율성을 극대화하고 있습니다.

재생 에너지를 또 다른 에너지원의 하나로 성공적으로 통합하기 위해서는 기술 발전뿐만 아니라 정책적 지원도 필수적입니다. 각국 정부는 재생 에너지 프로젝트를 지원하고, 관련 인프라를 구축하며, 기업과 연구기관의 혁신을 촉진하는 다양한 정책을 시행하고 있습니다. 예를 들어, 유럽연합EU은 '유럽 그린 딜'을 통해 2050년까지 탄소 중립을 목표로 재생 에너지 비중을 확대하고 있으며, 미국은 '청정 에너지 표준'을 통해 재생 에너지 사용을 의무화하고 있습니다.

이처럼 재생 에너지 분야의 기술 혁신과 정책 지원은 빠르게 진화하고 있지만, 아직 넘어야 할 과제가 많습니다. 실현 가능성이 높은 기술들도 상용화까지는 시간이 필요하며, 사회적 수용성을 높이는 과정도 결코 단순하지 않기 때문입니다. '세상에 없던 것'을 만들 뿐 아니라, 그걸 사회적으로도 빠르게 수용해야 한다는 부담감은 눈 앞에 외계인을 가져다놓은 것처럼 혼란을 줄 수 있으니까요.

다만 이런 변화에 빠르게 적응하는 기업들은 새로운 기회를 잡을 수 있습니다. 과거 한국 기업들이 중공업 시대를 지나 반도체와 스마트폰으로 산업 전환에 성공한 것처럼, 지금은 기후기술을 선점한 기업이 글로벌 시장을 이끄는 시대가 되고 있습니다. 에너지 전환, 탄소 감축, 기후 적응 분야에서 앞서가는 기업이 미래 산업의 주도권을 가질 가능성이 큽니다.

그런 환경 친화적 기업이 한국에서 나오기를 바라는 것은 단순한 희망이나 꿈이 아닙니다. 앞으로의 국가 경제와 일자리, 국제 경쟁력 모두가 걸린 현실적인 과제입니다. 환경 기술이 경제 발전과 관계없다는 고정관념에 빠져 지금의 전환기를 기회로 삼지 못한다면, 한국의 산업은 글로벌 기후기술 경쟁에서 뒤처질 수밖에 없습니다. 반대로 기술과 시장 변화를 선도하려면, 기후 위기 대응이라는 인류의 과제 속에서 새로운 성장 동력을 찾아야 합니다.

지속 가능한 미래는 어느 날 갑자기 완성되지 않습니다. 지금 우리의 실천과 선택이 조금씩 쌓여 사회와 기술, 정책, 산업의 변화를 이끌 때, 비로소 더 나은 미래가 만들어질 겁니다. 지금 우리는 또 하나의 '산업 혁명기'를 지나고 있는 셈입니다.

바다 속 숲,
블루카본의 힘

탄소를 흡수하는 파란 숲, 바다

바다와 맞닿은 숲이 있습니다. 파도와 조류가 드나드는 그 경계에
는 맹그로브와 잘피, 염습지가 자리 잡고 있지요. 그저 바람에 흔들리
는 나무들이나 갯벌 위에 늘어진 풀처럼 보이지만, 이들은 아주 중요
한 일을 하고 있습니다. 바로 지구의 이산화탄소를 흡수해 땅속에 저
장하는 역할입니다. 이런 해안 생태계가 흡수해 저장하는 탄소를 '블
루카본'이라고 부릅니다.

블루카본은 바다 근처의 식물들이 저장한 탄소 전체를 뜻합니다. 나무는 잎과 뿌리를 통해 이산화탄소를 저장하지요. 바닷가 생태계도 광합성과 퇴적을 통해 탄소를 가둡니다. 맹그로브 숲의 경우 식물의 뿌리 사이로 퇴적물이 계속 쌓이며, 이산화탄소를 포함한 유기물이 수십 센티미터, 때로는 몇 미터 아래까지 갇히게 되지요. 잘피나 염습지도 바닷물 속에서 유기물을 흙 속에 가라앉히며 땅속 깊은 곳까지 탄소를 붙잡아두는 데 탁월한 능력을 보입니다.

과학자들은 이들 해안 생태계가 단위 면적당 흡수할 수 있는 탄소의 양이 지상의 산림보다 3~5배 높다고 말합니다. 미국 해양대기청은 잘피가 덮인 해저가 연간 8억 3000만 톤의 이산화탄소를 흡수할 수 있다고 설명한 바 있습니다. 지구 전체 해저 면적 중 이들 식생이 차지하는 비중은 2%도 안 되지만, 해양 탄소 흡수의 상당 부분을 책임지고 있는 셈입니다.

이처럼 높은 저장 능력을 가진 생태계가 사라진다면 어떤 일이 일어날까요? 블루카본이 중요한 이유는 단순히 탄소를 많이 저장해서가 아니라, 그것이 다시 대기로 방출되지 않도록 붙잡고 있다는 데 있습니다. 해양보전단체인 컨저베이션 인터내셔널Conservation International은 연간 해안습지 손실을 절반만 줄여도 2억 3000만 톤의 탄소 배출을 막을 수 있다고 발표했습니다. 반대로 해안습지 훼손이 계속 이어지면 2100년까지 기존에 갇혀 있던 탄소의 절반 이상이 다시 대기로 나올 수 있다는 분석도 있습니다.

탄소 흡수력이 높다는 특징 덕분에 블루카본은 최근 탄소 시장에서도 주목받고 있습니다. 자발적 탄소 시장Voluntary Carbon Market에서는 블루카본 복원 작업으로 생겨난 탄소 크레딧이 일반 산림의 두 배 가까운 가격에 거래되기도 합니다. 2024년 발표된 보고서에 따르면, 2020년에서 2023년 사이 전 세계에서 거래된 블루카본 크레딧은 1,090만 톤 정도로 아직 많지 않지만, 희소성과 생태적 가치 덕분에 높은 가격을 형성하고 있습니다.

이 크레딧은 숫자로만 이해할 수 있는 것이 아닙니다. 블루카본 복원 사업은 해안에 사는 주민들에게 일자리를 제공하고, 생태계를 회복시키며, 수산 자원도 늘릴 수 있습니다. 예를 들어, 인도네시아는 2022년부터 맹그로브 복원을 국가 전략으로 삼고 60만 헥타르의 복원을 추진하고 있습니다. 이 사업을 통해 매년 2,000만 톤의 탄소를 추가로 흡수하겠다는 목표를 세웠고, 지역 주민들이 나무를 심고, 모니터링에 참여하면서 생계를 유지하는 구조를 만들었습니다. 복원된 해역에서는 어류의 산란장이 되살아나고, 어획량이 늘어난 것으로 보고되었습니다.

이러한 흐름은 다른 나라에서도 나타나고 있습니다. 아프리카의 섬나라 세이셸은 2018년 '블루본드'라는 새로운 형태의 채권을 발행해 해양보호구역 확대 자금을 마련했고, 칠레와 케냐는 해양 보전 및 지속 가능 금융 분야에서 블루본드 도입을 검토하거나 정책적으로 논의하는 등, 도입 준비와 국제 협력을 진행 중입니다. 국제적으로는 ICAO국제민간항공기구의 탄소상쇄제도인 CORSIA가 2025년을 전후해 블루카본 크레딧을 일부 인정하는 방안을 공식화하여 적용할 예정입니다. 점점 더 많은 국가와 기업들이 해양 생태계를 복원하고, 이를 통해 탄소를 줄이려는 노력을 기울이고 있는 것이죠.

우리나라도 관심을 보이고 있습니다. 한국은 2050년까지 해양을 통해 136만 톤의 이산화탄소를 추가로 흡수하겠다고 밝힌 바 있습니다. 특히 서해안의 갯벌은 그 저장 능력으로 인해 주목받고 있습니다. 국립해양조사원과 해양수산부가 갯벌 퇴적물의 탄소 함량을 분석하고 있으며, 이를 바탕으로 국제 탄소 크레딧 발행을 위한 기준을 마련하는 방안도 함께 검토하고 있습니다.

국내에서도 이와 관련된 연구와 정책이 조금씩 구체화되고 있습니다. 예를 들어 국립생태원은 2022년 발표한 보고서에서 갯벌 복원 후 조류의 산란 밀도가 1.8배 증가했다는 결과를 발표했습니다. 이는 탄소 저장 능력 외에도 생물 다양성 회복, 어업 생산성 향상 등 갯벌이 가진 다양한 부가가치를 보여주는 지표라고 할 수 있습니다.

블루카본은 단순히 탄소 흡수뿐만 아니라 해안 방재, 생물 다양성, 수질 정화 등 다양한 역할도 함께 합니다. 태풍이 닥칠 때 파도를 줄여주고, 어류가 번식하는 산란장이 되기도 하지요. 예를 들어, 연구 결과에 따르면 복원된 맹그로브 숲이 파도 에너지를 30% 이상 감소시켜 해안 침식을 줄였다고 합니다.

블루카본의 도전 과제

하지만 블루카본을 실제로 적용하려면 여러 가지 과제도 함께 고려해야 합니다. 해안 생태계는 조수, 파도, 바람 등으로 지형이 자주 변하고, 바다와 해변의 경계를 설정하기 어려운 경우가 많습니다. 탄소가 실제로 얼마나 저장되고 있는지, 어느 정도의 기간 동안 안전하게 유지되는지를 측정하는 것도 쉬운 일이 아닙니다.

사실 모든 분야에서 '측정'은 고도의 기술을 요하는 분야입니다. 블루카본만 보아도 탄소가 실제로 얼마나 저장되고 있는지, 얼마나 오래 안전하게 유지되는지를 모두 확인해야 하죠. 그러나 블루카본 생태계는 조수 간만, 파랑, 태풍, 인간 활동 등으로 지형과 퇴적물이 지속적으로 변화합니다. 이 과정에서 일부 탄소는 다시 대기로 방출

될 수도 있고, 해류에 의해 다른 지역으로 이동할 수도 있습니다. 상황에 따라 탄소 저장량이 시시각각 바뀌는 것이죠.

특히 퇴적층 아래에 저장된 탄소의 양과 그 안정성을 정확히 파악하려면 시추, 코어 샘플링core sampling, 원격 탐사remote sensing 등 다양한 기술이 필요합니다. 하지만 지역별 환경이 다르고, 퇴적층의 깊이나 물리적 성질도 다양해 하나의 기준으로 정확히 계산하기 어렵습니다.

국제적으로도 블루카본의 탄소 저장량을 인증하는 방법은 아직 표준화 단계에 머물러 있습니다. 2023년 IPCC가 발표한 '습지 지침Wetlands Supplement'을 통해 일부 기준을 제시했지만, 여전히 지역별 생태계 특성을 반영한 상세한 계산식과 검증 방법은 개발 단계에 있습니다. 이런 이유로, 탄소 크레딧 발행이나 국제 탄소 시장에서 블루카본을 활용할 때는 신뢰성 검증이 중요한 과제가 됩니다.

이를 해결하기 위해 드론, 라이다, 인공지능 기반 영상 분석 등 첨단 기술이 도입되고 있습니다. 이러한 기술들은 생태계 변화와 해양 지층의 퇴적 상태를 정밀하게 모니터링하고, 탄소 저장량을 보다 정확하게 산정하는 데 도움을 줍니다. 이처럼 기술 개발도 중요하지만, 국제적인 기준이 함께 마련되어야 블루카본의 가치를 객관적으로 인정받고, 탄소 시장에서도 안정적으로 활용될 수 있습니다.

이와 함께 중요한 것이 지역 주민과의 협력입니다. 블루카본 복원은 단순히 해양 식생을 되살리는 기술적인 작업만으로 끝나지 않습니다. 해당 지역에서 오랫동안 어업이나 농업으로 생계를 유지해 온 주민들과 충분히 소통하고, 그들의 권리를 보장해야 합니다. 그렇지 않으면 외부 자본이 들어와 지역의 생계 기반을 침해한다는 비판을 피할 수 없습니다. 세계은행은 이와 관련해 "지역 주민과의 공동 거버넌스(공동의 목표를 위해 다양한 이해 당사자들이 투명하게 협의하고 결정할 수 있게 하는 사회적 시스템)가 없으면 생태 보전이 오히려 갈등을 키울 수 있다"고 경고했습니다.

또 하나 주목할 점은 국제 협약 속에서 블루카본이 차지하는 위치입니다. 파리협정 제6조는 국가 간 배출권을 거래하고 탄소 시장에 참여하게 했는데, 여기에는 해양 기반 크레딧도 포함될 수 있습니다. 바다를 공유하는 나라들끼리 탄소 흡수 실적을 공동으로 인정받거나, 기술과 재원을 나눌 수도 있다는 이야기입니다. 하지만 이를 위해선 국제적으로 신뢰할 수 있는 블루카본 모니터링 체계가 전제돼야 합니다. 그래서 위성 데이터의 공개나 표준화된 검증 체계가 더욱 중요해지고 있지요.

블루카본은 지금까지는 널리 알려지지 않은 개념이었습니다. 하지만 앞으로 탄소 중립을 향한 전 세계의 노력 속에서 반드시 다뤄져야 할 중요한 요소입니다. 익숙하지 않던 해안 숲, 잘피, 염습지가 어느새 탄소 시대의 중심에 서게 된 것이죠. 그러니 우리가 지금부터 바다를 어떻게 대하느냐에 따라 기후 위기의 미래도 달라질 수 있을 겁니다.

기후 변화와
첨단 산업

탄소를 잡으면 지구가 시원해진다

탄소 포집 및 저장CCS 기술은 기후 변화 대응의 핵심 기술 중 하나로 주목받고 있습니다. 탄소 포집이 중요한 이유는 메탄과 아산화질소, 수소불화탄소, 과불화탄소 등 여러 온실가스 중 이산화탄소의 양이 가장 많고, 대기에 장기간 머물며 지구온난화에 가장 크게 기여하기 때문일 겁니다.

그리고 CCS 기술은 산업 공정, 화력 발전소, 시멘트·철강·화학 공장 등 온실가스를 다량 배출하는 분야에서 이산화탄소를 직접 포집한 뒤 지하 깊은 곳에 주입·저장하거나, 다른 산업 공정에 활용함으로써 배출량을 획기적으로 줄일 수 있는 해결책이기도 합니다. 특히 국제에너지기구IEA가 2050년까지 전 세계 탄소 감축의 약 15%를 탄소 포집 기술 활용으로 달성할 수 있다고 전망한 만큼, 주요 선진국들은 이미 CCS 기술 개발과 현실화에 박차를 가하고 있습니다.

CCS 기술의 대표적인 사례인 노르웨이의 슬레이프너Sleipner 가스전 프로젝트는 1996년부터 매년 약 100만 톤 이상의 이산화탄소를 북해 해저 지층에 안정적으로 저장하고 있습니다. 이는 CCS 기술이 상업적으로도 충분히 활용 가능함을 증명한 선구적 사례입니다. 또한 미국 텍사스 주의 페트라노바Petra Nova 프로젝트는 석탄 화력 발전소에서 발생하는 이산화탄소를 포집해 인근 유전에 주입, 원유 회수율을 높이는 'CCUS탄소 포집·활용·저장' 모델을 제시했지요. 이러한 성과에도 불구하고 CCS 상용화 과정은 초기 투자 비용 부담, 저장 공간 안정성 검증, 규제 정비 등의 난제를 안고 있어, 기술적·경제적으로 이런 문제를 개선하려는 노력이 계속되고 있습니다.

앞서 말한 해외 국가뿐 아니라, 한국 역시 제조업, 에너지 산업 구조상 탄소 배출량이 높은 편에 속합니다. 그래서 CCS 기술 확보가 필수적 과제로 부상하고 있습니다. 정부는 '2050 탄소 중립 시나리오'

를 통해 CCS 활용 가능성을 제시하고 있으며, 포항·울산 인근 해역 등 지질 구조를 이용한 저장이 가능한지에 대한 연구를 진행 중입니다. 대기업들은 해외 기업과의 협력을 추진하거나, 타 연구 기관 및 스타트업과 서로 기술과 정보, 자원을 교환하는 오픈이노베이션 형태로 CCS 실증 프로젝트를 모색하고 있습니다. CCS를 성공적으로 상용화하게 된다면 한국은 기술 의존도를 낮추고 독자적인 CCS 기자재, 설비, 관리 서비스 산업을 육성함으로써 전 세계 탄소 중립 시장에서 경쟁 우위를 확보할 수 있습니다.

인공지능AI과 사물인터넷IoT을 비롯한 디지털 기술의 활용 역시 기후 변화 대응에 큰 혁신을 불러오고 있습니다. AI는 복잡한 기후 예측 모델을 개선하고 재생 에너지 발전량 예측에 도움을 줍니다. 또 산업 공정 최적화를 통해 에너지 사용 효율을 극대화하기도 하지요. 또한 사물인터넷은 실시간 데이터 수집과 분석을 통해 에너지 수요· 공급을 동기화하는 스마트 그리드 구축을 지원합니다. 구글 '딥마인 드DeepMind'의 데이터센터 냉각 시스템 최적화 사례는 AI가 에너지 소비를 약 40% 절감할 수 있음을 보여준 대표적 예입니다. 이처럼 디지털 전환과 녹색 전환이 결합하여 기술의 발전과 환경 보호를 모두 도모하는 '그린 디지털' 전략은 에너지 효율 향상, 배출 감축, 새로운 산업 창출이라는 효과를 동시에 이끌어낼 수 있습니다.

특히 한국은 IT 및 ICT 분야에서 세계적 경쟁력을 보유하고 있습니다. 그러니 이를 기후·에너지 문제 해결에 접목한다면 국제 무대에서 새로운 성장 동력을 확보할 수 있습니다. 주목할 만한 점은 최근 국내에서 기후 대응을 목표로 하는 '녹색 스타트업'들이 등장하고 있다는 것입니다. 이러한 스타트업들은 그린 수소, 탄소 저감 기술, 재생 에너지 관리 솔루션, 스마트 그리드 장비, 에너지저장장치ESS, 전기차 충전 인프라 등 다양한 분야에서 혁신을 시도하고 있습니다.

예를 들어, 한국 스타트업 '이큐브랩ECube Labs'은 사물인터넷 기반 스마트 폐기물 관리 솔루션을 개발하여 쓰레기 수거 효율을 높이고 온실가스 배출 감축에 기여하고 있습니다. 또 다른 스타트업 '리하베스트ReHarvest'는 식품 부산물을 업사이클링해 친환경 식품 소재로 개발함으로써 자원 순환을 강화하고 탄소 발자국을 줄이고 있지요. 드론 및 AI 기술을 활용해 풍력 발전기나 태양광 패널의 상태를 진단하는 '니어스랩Nearthlab' 역시 재생 에너지 설비 유지·보수 효율을 높여 탄소 중립에 기여할 수 있는 유망한 기업으로 평가받고 있습니다. 이들 기업은 정부의 그린 뉴딜 정책, 기술 개발 지원 프로그램, 민간 투자 확대 흐름 속에서 성장 기회를 포착하고 있습니다.

또한, 국내 대기업들도 그룹 내 혁신 조직을 통해 탄소 중립 관련 신사업을 육성하거나, 사내벤처Spin-off 프로그램을 통해 환경·기후 분야 스타트업을 배출하고 있습니다. 예를 들면 SK 그룹은 수소, 탄소 포집, 에너지 관리 분야 스타트업에 투자하거나, 내부 전문 조직을 통해 신규 녹색 기술 사업을 추진하고 있습니다. 현대차그룹은 전기차 및 수소차 생태계 확장을 위해 충전 인프라 스타트업과 협력하거나, 배터리 재사용·재활용 분야의 사내 벤처가 독립 기업으로 성장하도록 지원하고 있습니다. 이러한 대기업 사내 벤처는 스타트업들이 대기업의 초기 자본·네트워크·노하우를 활용할 수 있는 기반을 제공하며, 기후 솔루션 시장에서 한국 기업들의 영향력을 강화하는 선순환 구조를 만들 수 있습니다.

환경을 위한 디지털 기술, 그린 디지털이 제시하는 미래는 밝습니다. 유엔 보고서에 따르면, 디지털 기술을 적절히 활용할 경우 2030년까지 전 세계 온실가스 배출량을 15% 이상 줄일 수 있을 것이라 전망됩니다. 한국은 이러한 글로벌 추세에 발맞춰 AI, 사물인터넷, 데이터 분석, 반도체, 통신, 배터리 기술 등 한국이 가진 강점을 적극적으로 기후 대응 전략에 융합해야 합니다. 정부 차원에서는 그린 디지털 전환을 촉진하는 R&D 지원, 규제 혁신, 글로벌 협력 체계 구축, 그리고 CCS 인프라 마련 등을 통해 민간 부문의 혁신을 뒷받침해야 합니다. 또한 해외 선진국 및 국제기구와의 파트너십, 신생 기업의 성장과 발전을 지원하는 글로벌 스타트업 엑셀러레이터 프로그램 참여, 국제 특허 확보를 통해 국내 녹색 스타트업의 해외 진출 기회도 넓혀야 합니다.

기후 변화 대응은 더 이상 단순한 비용 부담이 아니라, 전 세계 산업 구조와 기술 패러다임을 재편하는 핵심 동력으로 자리 잡고 있습니다. 한국 역시 앞서 소개한 다양한 방법으로 기후 변화 대응을 새로운 성장 전략으로 삼을 수 있습니다. 이렇게 형성된 기후 산업 생태계는 한국이 탄소 중립 목표를 달성하는 것뿐 아니라, 한국 기업과 스타트업이 세계 시장에서 경쟁력을 갖춘 녹색 혁신 주체로 성장하는 토대가 될 것입니다.

탄소 무게를
계산하는 나라들

탄소를 배출할 권리를 사는 나라

'탄소 가격'이라는 말을 들어본 적 있으신가요? 보통 가격은 물건을 사는 시장에서 쓰이는 말이죠. 그래서 '탄소'와 만나면 조금 낯설게 들릴 수도 있습니다. 우리 같은 일반인이 백화점에 가서 탄소를 사거나, 노동력이나 비용을 주고 탄소를 팔진 않으니까요.

하지만 기후 위기의 원인 중 하나인 이산화탄소 배출에 가격이 매겨진다는 개념처럼, 이미 여러 나라에서 탄소 가격을 매기는 탄소 시장이 제도화되고 있습니다. 원칙은 단순합니다. 우리가 어떤 물건을 만들거나 수출할 때, 그 과정에서 나오는 온실가스가 많으면 '더 많이 낸다'는 원칙이지요.

이런 탄소 가격제에는 대표적으로 두 가지 방식이 있습니다. 하나는 '탄소세', 다른 하나는 '배출권거래제ETS'입니다. 탄소세는 말 그대로 배출한 이산화탄소 양에 따라 세금을 부과하는 제도고, ETS는 기업에게 일정량의 배출권을 나눠준 뒤 남거나 모자라는 양을 사고팔 수 있도록 하는 방식입니다. 이미 유럽연합, 중국, 미국 일부 주, 일본 등에서는 이 두 가지 방식 중 하나 또는 두 가지를 시행하고 있습니다.

유럽의 경우, 탄소 가격에 대한 접근이 특히 강력합니다. EU는 2005년 세계 최초의 지역 단위 배출권거래제를 시행했고, 그 경험을 바탕으로 2023년부터는 CBAMCarbon Border Adjustment Mechanism이라는 새로운 규제를 도입했습니다. 이 제도는 한마디로 "너희 나라에서 싸게 만든 제품이 사실은 지구엔 비쌌다"는 말로 세금을 붙이는 구조입니다. 철강, 시멘트, 알루미늄, 비료, 전기처럼 제조 공정에서 많은 탄소를 내뿜는 제품에 대해 EU는 수입국에서 발생한 온실가스 양만큼 비용을 부과하겠다는 입장을 내세운 것이지요.

사실 탄소세라는 개념은 새로운 것이 아닙니다. 1990년대 초, 북유럽 국가들이 처음으로 화석 연료에 환경세를 도입하면서 탄소 가격 부과 기준에 대한 논의가 본격화되었으니까요. 스웨덴은 1991년부터 휘발유, 경유, 석탄 등 연료에 이산화탄소 배출량을 반영한 세율을 부과했으며, 이후 30여 년 동안 세율을 꾸준히 인상해 현재는 톤당 130달러 이상을 걷고 있습니다. 그 결과 스웨덴의 1인당 탄소 배출량은 유럽 평균보다 낮고, GDP 성장과 별개의 흐름을 보이고 있습니다.

탄소세가 세계 경제에 미치는 영향

또한 탄소국경조정제도CBAM은 2023년부터 시범 운영을 시작해, 2026년부터는 본격 과세에 들어갑니다. 이는 단순히 유럽의 수입 규제가 아니라, 전 세계 공급망을 바꿀 수 있는 신호로 받아들여지고 있습니다. 왜냐하면 오늘날 대부분의 제품은 여러 국가에서 생산 단계를 나눠 수행하기 때문입니다. 예컨대, 철광석은 호주에서 채굴되고, 제련은 한국에서 이뤄지고, 완제품은 독일로 수출되는 식입니다. 이 과정에서 어느 국가가 이산화탄소를 얼마나 배출했는지를 추적하고, 각국 제도가 이를 어떻게 반영할지를 따지는 게 CBAM의 핵심입니다.

특히 CBAM은 제조 강국인 한국, 중국, 인도 등에 큰 영향을 미칠 수 있습니다. EU는 2023년 기준으로 한국에서 약 5조 8000억 원 규모의 CBAM 적용 품목을 수입하고 있으며, 수출 기업들은 유럽의 요구에 맞춰 자발적으로 배출량을 계산하고 제출해야 합니다. 이때 문제가 되는 것은 '국가 간 제도의 차이'입니다. 같은 제품을 만들어도 어떤 기준으로, 어떤 방식으로 배출량을 계산하느냐에 따라 비용이 달라질 수 있기 때문입니다.

게다가 앞으로 탄소세 대상 품목은 더 늘어날 수 있습니다. 수소와 플라스틱, 자동차 부품, 전자제품까지 거론되고 있으며, 이는 대기업을 넘어 중소기업에도 부담이 될 수 있는 흐름이지요. 정부는 대응 전략으로 제품별 탄소 배출량 산정 체계를 만들고, 중소기업에 대한 인증비 지원을 확대하겠다고 밝혔습니다. 산업통상자원부는 2024년부터 '탄소정보 공개제'를 시범 운영 중이며, 이 제도가 정착되면 기업들은 제품마다 '탄소 레이블'을 붙이게 될 수도 있습니다.

기업들도 실제로 CBAM을 염두에 두고 움직이고 있습니다. 포스코는 자사 철강제품에 대해 탄소 배출량을 표기하는 시스템을 도입했고, 현대차는 부품 공급업체에게도 배출량 자료 제출을 요청하고 있습니다. SK하이닉스는 전 공급망의 스코프3 배출량 공개를 준비하고 있으며, 삼성전자도 내부적으로 이러한 요청에 대응하기 위한 전문 조직을 가동 중입니다. 이미 해외 고객사들이 구매 조건으로 탄소 데이터를 요구하고 있고, 납품 단가를 탄소 배출 기준에 따라 조정하는 사례도 나오고 있습니다.

이런 흐름은 금융에도 영향을 줍니다. 탄소 배출량이 높은 산업은 위험도가 크다고 평가돼 금융기관의 투자 우선순위에서 밀리게 됩니다. 국제적으로 ESG 채권이 확대되면서, 탄소 배출 정보를 공개하지 않거나 배출량을 개선하려는 노력이 부족한 기업은 자금 조달이 어려워질 수 있지요. 실제로 글로벌 자산운용사 중 절반 이상이 앞으로 5년 내 석탄·시멘트 등 고탄소 산업에서 투자를 줄이겠다고 밝힌 바 있습니다.

이러한 경향은 이미 널리 퍼져 있습니다. 세계은행은 2024년 발표한 탄소 가격 동향 보고서에서 전 세계 73개국이 탄소세 또는 배출권거래제를 시행 중이라고 밝혔습니다. 전 세계 배출량 중 약 23%가 가격 제도를 통해 관리되고 있다는 의미입니다. 하지만 이 역시도 지역마다 편차가 큽니다. 스웨덴은 1톤당 130달러 이상의 높은 세금을 부과하는 반면, 일부 국가는 1달러도 안 되는 탄소세를 부과하고 있습니다. 이처럼 '탄소 가격의 불균형'은 무역 질서의 새로운 논쟁거리로 떠오르고 있습니다.

이 문제를 해결하려면 결국 국제적 조율이 필요합니다. G7, G20,

WTO 등 주요 국제회의에서는 '탄소 조화세carbon harmonization tax' 도입을 둘러싼 논의가 계속되고 있고, UN 기후변화협약UNFCCC 하에서도 국가 간 정보 공유와 기술 이전 확대가 함께 논의되고 있습니다. 한국도 중간 수준의 탄소 가격을 갖춘 국가로서, 선진국과 개도국 사이에서 정책 조율자 역할을 할 수 있다는 평가도 나옵니다.

탄소 가격제로 내는 돈은 단순한 세금이 아닙니다. 그것은 우리가 무엇을 만들고, 어디에 투자하며, 어떤 미래를 상상할지를 정하는 경제적 언어이자 신호입니다. 어떤 제품이 싸다고 느껴질 때, 그 가격이 환경에 남긴 흔적까지 포함된 가격인지 묻는 감수성이 이제는 필요해졌습니다. 앞으로는 제품의 품질, 디자인, 브랜드뿐 아니라 그것이 만들어지는 데 쓰인 에너지의 종류와 양까지 평가의 기준이 될 수 있다는 말이지요.

가격은 세상의 언어입니다. 그 언어가 탄소를 말하기 시작했다는 것은, 이제 기후 위기가 더 이상 과학자와 환경운동가의 전유물이 아니라는 뜻입니다. 누구나 제품을 고르고, 기업을 평가하고, 정책을 판단할 때 탄소라는 새로운 언어를 읽을 줄 알아야 하는 시대가 오고 있습니다. 이 흐름에 뒤처지지 않기 위해, 지금 우리가 알아야 할 것은 바로 이 탄소 가격의 작동 방식입니다.

전통 기술로
기후를 지키다

현대의 기후 문제를 해결하는 과거의 지혜

첨단 기술, 현대 정보라는 단어와 달리, 전통 지식이라는 단어가 주는 인상은 조금 다릅니다. 어쩐지 지금 시대의 문제를 해결하기에는 부족할 듯도 하고, 조금은 과거의 이야기처럼 느껴집니다. 실제로 전통 지식은 오래된 민간요법이나, 구전에 의존한 농사 기술, 혹은 오랜 세월 축적된 경험 정도로 여겨지는 경우가 많습니다. 하지만 기후 위기의 시대에 전통 지식이 다시 조명받고 있습니다. 위기가 거듭될

수록, 인류는 오래전부터 환경에 적응하며 검증해온 방식에서 해답을 찾으려 하기 때문이지요.

전통 지식은 특정 지역과 공동체가 수 세기 동안 자연과 상호작용하며 쌓아온 경험의 집합입니다. 이 지식은 문자로 정리되기보다는 말과 행동을 통해 이어져 왔고, 특정 생태계 안에서만 적용 가능한 독특한 해법을 담고 있는 경우가 많습니다. 바로 그 점이 오늘날 기후 적응에서 큰 장점이 됩니다. 현지 환경에 맞게 쌓여 온 정보이기 때문에, 대규모 기술이 닿지 않는 지역에서도 계속해서 활용될 수 있기 때문입니다. 또한, 대규모 기술 기반의 해결책이 실패했을 때 대안으로 떠오를 수도 있지요.

예를 들어 남태평양의 투발루나 키리바시처럼 해수면 상승 위기에 놓인 도서 국가에서는 예부터 주민들이 바람의 방향, 조수의 흐름, 조개껍질의 분포를 통해 해안 침식을 예측하고 마을 배치를 조정해 왔습니다. 이들은 기상 위성이 없던 시절에도 별자리와 조류를 읽어 자연 재해를 대비했고, 소금물의 침투를 막기 위해 식생을 어떻게 배치해야 하는지를 세대 간 전승을 통해 배웠습니다. 이러한 전통은 단지 실용적인 지식을 넘어 공동체가 자연을 이해하고 존중하며 살아왔던 방식을 보여줍니다.

인도 라자스탄에서는 마을 단위로 물 저장 시설을 만드는 '조하드

Johad'이라는 전통이 이어지고 있습니다. 건기와 우기를 구분해 물을 보관하고, 지하수의 수위가 낮아지면 공동체가 함께 작업해 흙둑을 쌓는 방식이지요. 이 방식은 현대의 대형 댐과 달리 에너지나 외부 기술에 의존하지 않고도 물 순환을 유지할 수 있어 기후 변화로 인한 가뭄 대응 수단으로 다시 주목받고 있습니다. 실제로 2000년대 중반 이후 조하드를 되살린 마을에서 농업 생산량이 3배 이상 증가했다는 보고도 있으며, 주민들의 이주율이 급격히 낮아졌다는 점에서 기후 이주에 대한 대응 사례로도 인용되고 있습니다.

이와 같이 전통 지식이 지역을 살린 예는 또 있습니다. 에콰도르 안데스 지역의 케추아족은 고산 지대에서 전통적으로 '바로Baro'라는 방식으로 농사를 지어왔습니다. 감자와 곡물을 계단식으로 심고, 물길을 나눠가며 토양 침식을 줄이는 방식입니다. 그런데 최근에 이 방식이 토종 작물의 생존률을 높이고, 온도 변화에 민감한 지역 생태계를 보호한다는 것이 밝혀져 국제농업기구FAO의 기후적응 우수 사례로 소개되기도 했습니다. 이와 함께 농민들이 스스로 종자를 보존하고, 기후에 따라 작물 조합을 바꾸는 방식도 재평가되고 있습니다.

전통 지식의 이점은 단지 농업이나 방재 분야에 그치지 않습니다. 북극의 이누이트들은 바다 얼음의 패턴과 해양 동물의 이동을 통해 해양 생태계 변화를 감지합니다. 알래스카의 유픽족은 특정 바람의 냄새로 강풍을 예측한다고도 알려져 있습니다. 이런 감각은 위성이나 기상청보다 빠르게 변화를 포착할 수 있게 해주며, 기술적 인프라가 부족한 지역에서 조기 경보 시스템의 역할을 합니다.

기후 위기는 특정 국가나 지역만의 문제가 아니기에, 대응 방식 또한 다양해야 합니다. 전통 지식은 기후적응에 있어 중요한 한 축으로 자리 잡고 있으며, 실제로 유엔은 2018년부터 '토착지식 플랫폼 LCIPP'을 운영하며 토착 공동체의 경험을 국제 사회에 소개하고 있습니다. 2021년 영국 글래스고에서 열린 COP26에서는 사모아, 키리바시, 라오스, 볼리비아 등이 전통기술 기반의 기후적응 전략을 발표했고, 일부는 유엔기후변화협약 공식 문서에도 인용됐습니다.

한국에서도 전통 지식이 기후 변화를 감지하고 대응하는 데 중요한 역할을 하고 있습니다. 대표적인 예로, 남해안과 제주 연안의 어민들이 경험을 통해 어종 변화를 감지하는 경우가 있습니다. 과거에는 잡히지 않던 흑점줄전갱이, 나비고기 같은 열대성 어종이 최근 수년 사이 남해와 서해 연안에서 자주 포착되고 있습니다. 해양수산부와 기상청은 이 지역 해수면 수온이 지난 30년간 평균 1.5~2도 상승했다고 분석했지만, 어민들은 이미 그보다 앞서 이 변화를 체감하고 있었습니다. "여름에도 보기 힘들었던 물고기가 봄철에도 보인다"는 증언은 과학적 측정 이전에 감각적 경험이 기후 변화의 조기 경보 역할을 하고 있음을 보여줍니다.

또 다른 변화는 과수 재배지의 북상입니다. 전통적으로 경북과 충북 일대에 집중됐던 사과 재배 지역이 최근 강원도 홍천, 인제, 철원까지 확장되고 있습니다. 국립원예특작과학원에 따르면 사과 생육에 적합한 연평균 기온대가 북상하고 있고, 남부 지역 일부는 감귤, 무화과 같은 아열대 작물로 재배 작물을 바꾸려 시도하고 있습니다. 이러한 흐름도 처음에는 농민들의 '작황 변화', '병해 증가', '수확기 지연' 같은 경험에서 출발했습니다. 세대에 걸쳐 누적된 재배 감각이 기후 신호를 해석해 온 셈이지요.

기후 위기의 열쇠, 전통을 지켜라

문제는 이런 지식이 사라질 위기에 있다는 점입니다. 도시화와 산업화, 언어 소멸, 세대 간 단절로 인해 전통 지식이 빠르게 소멸하고 있습니다. 실제로 유엔은 현재 전 세계 토착 언어의 40%가 사라질 위기에 놓여 있으며, 이는 전통 생태 지식의 소멸과도 직결된다고 경고했습니다. 왜냐하면 전통 지식은 언어와 공동체 문화, 생태적 맥락이 함께 엮여 있어 단순한 정보로 복제할 수 없기 때문입니다. 더구나 전통 지식의 상업적 활용이 늘면서, 해당 공동체의 동의 없이 외부 기업이나 정부가 이 지식을 사용하는 사례도 늘고 있어 '지식의 착취' 논란까지 일고 있습니다. 그만큼 전통 지식은 유용한 정보로 여겨지지요.

한국도 예외는 아닙니다. 제주에서는 바람 방향과 해무의 색으로 날씨를 예측하던 어민들의 경험이 최근 해양 재난 예보 기술 개발에 반영되고 있으며, 남해안의 염전에서는 기온과 바람의 변화를 감지해 염도 조절을 해오던 전통이 기후 위기 속에서도 살아 있습니다. 강원도 산간 지역 일부에서는 계절별 초목의 변화나 조류의 울음소리를 바탕으로 기온 변화와 가뭄을 예측하는 농가도 여전히 존재합니다. 최근에는 이러한 경험을 정리해 지역 농업기술센터와 협력하는 사례도 있습니다.

전통 지식은 기후 위기 시대의 새로운 자산입니다. 현대 과학 기술이 모든 지역과 상황에 적용될 수 없는 한계를 지니고 있지만, 전통 지식은 지역성과 지속 가능성, 공동체 기반의 실천을 통해 그 공백을 채워주고 있습니다. 물론 전통 지식이 전지전능하거나 과학보다 우월하다는 뜻은 아닙니다. 하지만 서로 다른 관점과 경험이 만날 때, 우리가 놓치고 있는 문제를 새롭게 바라볼 수 있다는 점에서 전통 지식은 과학 기술과 함께 지켜가야 할 중요한 지혜입니다.

이제는 기후 정책을 설계할 때 전통 지식을 하나의 기술로 인정하고, 그 안에 담긴 생태적·문화적 맥락을 존중하는 태도가 필요합니다. 기후 위기는 기술만으로는 풀 수 없는 복잡한 문제입니다. 어쩌면 그 해답은 오래전부터 사람들 곁에 있었는지도 모릅니다.

기후와 도시

도시를 위협하는 이상 기후

여러분은 도시에 살고 있나요? 아마 도시에서 나고 자란 사람이라면 '도시'라는 개념 자체가 낯설게 느껴지지 않을 수 있습니다. 도시란 무엇인지 설명하라면 의외로 어렵기도 합니다. 일반적으로 도시는 많은 사람들이 밀집해 살면서, 산업, 행정, 문화, 교통의 중심이 되는 지역을 말합니다. 다양한 직업이 모여 있고, 높은 빌딩과 도로, 상점, 병원, 학교 같은 시설이 밀집되어 있어요. 쉽게 말해 많은 사람이 함께 어울려 살아가는 '복합 생활 공간'이라고 할 수 있습니다.

도시의 특징은 편리함이지만, 동시에 도시가 주는 환경적 부담도 큽니다. 또 다양한 사람이 모여 사는 만큼 다양한 사회 문제가 집중되기도 합니다. 이런 도시가 기후 변화에 어떻게 반응하고 있는지 살펴보는 것은 매우 중요합니다. 왜일까요? 현재 대한민국의 인구 가운데 90% 가까운 사람들이 도시 지역에 살고 있다고 합니다. 편리한 교통과 다양한 시설, 직장과 학교가 모여 있는 도시는 많은 이들이 선택하는 삶의 공간입니다. 그런데 기후 변화가 심화되면서, 바로 이 도시가 가장 먼저 위기에 노출되고 있습니다. 이유는 간단합니다. 사람이 많이 모여 있고, 아스팔트와 건물로 둘러싸인 구조는 기후 변화에 매우 취약하기 때문입니다.

도시는 '도시 열섬 현상'이라는 문제를 안고 있습니다. 도시 열섬이란 도시가 주변 지역보다 평균 기온이 더 높은 현상입니다. 자동차, 공장, 에어컨 등에서 나오는 인위적인 열, 아스팔트나 콘크리트에서 열을 머금는 구조, 바람이 통하지 않는 높은 건물 밀집 등이 주요 원인입니다. 여기에 기후 변화로 평균 기온이 상승하면서, 도시의 폭염 문제는 더욱 심각해지고 있습니다. 2024년 서울 열대야 일수는 39일로, 1907년 관측 시작 이래 최장 기간이었습니다. 또 빈도 역시 평년(13.5일)보다 3배 가량 잦았습니다.

유엔인간정주계획UN-Habitat은 2050년까지 전 세계 인구의 70%가 도시에 살게 될 것이라고 예측하고 있습니다. 기후 변화로 인한 폭염, 폭우, 해수면 상승 등이 도시에 미치는 영향은 더욱 커질 수밖에 없습니다. 특히 서울, 부산, 인천처럼 해안가에 위치한 대도시는 해수면 상승으로 인한 침수 위험에 직접적으로 노출되어 있습니다.

그런데 기상청 자료에 따르면, 1912년부터 2021년까지 서울의 연평균 기온은 2.4도 상승했습니다. 이는 같은 기간 세계 평균 상승폭인 1.2도의 두 배에 달하는 수치입니다. 이렇게 빠른 온도 상승은 단순한 체감의 문제를 넘어 도시 인프라 전체에 영향을 줍니다. 더운 날씨는 전력 수요를 높여 전력망 과부하를 유발하고, 노인이나 어린이 같은 건강 취약 계층에게는 생명 위협이 되기도 합니다.

폭염뿐 아니라 집중호우도 도시를 위협합니다. 2022년 8월, 서울 강남 일대에는 시간당 141.5mm의 비가 내렸고, 이틀 동안 누적 강수량은 500mm를 넘었습니다. 이날 저는 기상청 기자실에 앉아서 기사를 쓰고 있었는데, 순간 인근에 폭탄이 떨어진 줄 알았습니다. 그만큼 빗방울이 지붕과 창문을 때리는 소리가 컸던 기억이 생생합니다. 제발 폭우가 내린다는 기사를 보고 아무도 위험 지역으로 외출하지 않길, 누구도 위험에 빠지지 않길 바라기도 했지요.

하지만 바람과는 다르게, 이날의 비로 인해 지하철역과 도로가 침수되고, 심지어 반지하 주택에 거주하던 시민이 목숨을 잃는 안타까운 사고도 발생했습니다. 이러한 국지성 집중호우는 기후 변화로 인해 더욱 빈번해지고 있습니다. 그때는 극한의 집중 호우가 이례적인 '특수 상황'이라고 생각했습니다. 하지만 비슷한 폭우는 2025년 여름에도 퍼부었습니다. 7월 중순 경기 남부부터 전라권까지, 2022년 폭우 뒤 등장한 '극한 호우'에 해당하는 강한 비가 무려 150번 넘게 내렸습니다. 도시 배수 체계가 이를 감당하지 못하는 경우가 많습니다.

도시가 위기에 취약한 또 다른 이유도 있습니다. 바로 사회적 불평등이 함께 작동하기 때문입니다. 상대적으로 주거 환경이 열악한 지역, 예를 들어 비탈진 언덕에 위치한 소위 달동네나 반지하 주택 지역은 홍수나 폭염에 더 큰 피해를 입습니다. 이처럼 도시 내에서도 기후 위기의 영향은 고르게 나타나지 않으며, 사회적으로 취약한 계층일수록 더 큰 타격을 받게 됩니다.

세계 도시의 기후 대응 정책

기후 변화에 대응하기 위해 전 세계 많은 도시들이 다양한 적응 전략을 마련하고 있습니다. 대표적인 예는 네덜란드의 수도 암스테르담입니다. 이 도시는 해수면보다 낮은 지대에 위치해 있어서 침수 위험이 높지만, '스마트 워터 매니지먼트' 시스템을 통해 홍수에 대비하고 있습니다. 운하와 수로, 저류지 등을 조절해 물을 분산시키고, 인공섬을 만들거나 수변 생태계를 복원하는 방법으로 도시의 기후 회복력을 높이고 있지요.

코펜하겐은 집중호우에 대응하기 위해 '클라우드버스트cloudburst' 전략을 도입했습니다. 이는 평소에는 공원이나 광장으로 쓰이다가 집중호우 시에는 물을 저장하는 공간으로 바뀌는 다목적 인프라를 말합니다. 이 전략은 기존 배수 시스템이 감당할 수 없는 폭우를 효과적으로 흡수할 수 있게 도와주고 있습니다. 덴마크 정부가 이같은 적극 대처에 나선 것은 이미 피해로 큰 손실을 본 적 있기 때문입니다. 2011년 코펜하겐은 2시간 만에 150mm가 넘는 폭우로 약 1조 원 규모의 침수 피해를 겪은 바 있습니다. 이후 도입된 클라우드버스트 전략은 도로, 공원, 광장을 일시적인 저류지로 활용하는 방식으로, 향후 기후 변화로 인한 극한 강우 피해를 줄이기 위한 도시의 핵심 대응책으로 작동하고 있습니다.

스웨덴의 스톡홀름도 눈여겨볼 사례입니다. '하마르비 셰스타드Hammarby Sjöstad'라는 도시 재생 프로젝트는 지속 가능한 도시 모델로 평가받고 있습니다. 이 지역은 재생 가능 에너지, 스마트 쓰레기 처리

시스템, 그린 빌딩 인증을 갖춘 건축물들로 구성되어 있으며, 에너지 자립율도 매우 높습니다. 이런 시스템은 기후 변화에 따른 에너지 수요 증가를 완화할 수 있는 효과적인 방법입니다.

그럼 우리나라는 어떤 도시 정책을 펼치고 있을까요? 서울시는 '그린 뉴딜' 정책을 통해 기후 변화 적응과 완화에 나서고 있습니다. 도시 내 녹지 공간 확대, 탄소 중립 건물 보급, 저탄소 교통수단 확대 등이 주요 내용입니다. 하지만 국제 기준과 비교해보면 아직 갈 길이 멉니다. 서울의 전체 녹지율은 약 26%로, 코펜하겐의 43%, 도쿄의 34%보다 낮은 수준입니다.

도시의 복원력을 키우기 위해서는 몇 가지 중요한 조치가 필요합니다. 첫째는 '그린 인프라'의 확대입니다. 도시 곳곳에 나무와 식물을 심어 도시의 열을 식히고, 빗물을 흡수할 수 있도록 하는 것입니다. 둘째는 도시 계획에 기후 데이터를 반영하는 것입니다. 예를 들어, 침수 위험 지역에는 건축 허가를 제한하거나, 지하 공간 설계에 안전 기준을 강화해야 합니다. 셋째는 시민 참여를 장려하고 교육하는 것입니다. 기후 변화에 대한 인식이 높아질수록 개인과 공동체의 대응력이 높아집니다.

2022년 유엔재난위험경감사무국UNDRR은 도시는 "기후 변화의 가장 앞선 전선이며, 동시에 가장 중요한 대응 거점"이라고 발표했습니다. 이 말처럼 도시는 기후 위기의 최전방에 서 있습니다. 하지만 위기는 곧 기회가 될 수도 있습니다. 우리가 도시를 어떻게 재설계하고, 회복력을 높이느냐에 따라 미래의 피해를 줄일 수 있기 때문입니다.

결국 기후 변화는 도시라는 공간을 바꾸고 있습니다. 더 이상 과거와 같은 방식으로 도시를 운영하거나, 건설해서는 안 됩니다. 기후 변화 시대의 도시는 더 똑똑하고, 더 유연하며, 더 포용적인 구조를 가져야 합니다. 그래야만 폭염과 홍수, 해수면 상승이라는 도전에 맞서 우리 삶의 터전을 지킬 수 있습니다.

여러분이 사는 도시가 기후 변화에 맞서 어떤 준비를 하고 있는지, 그리고 우리가 시민으로서 어떻게 그 준비에 참여할 수 있을지를 함께 고민해보면 좋겠습니다.

인공지능의
두 얼굴

기후 변화마저 AI에게 맡길 수 있다?

인공지능과 기후기술, 이 둘은 얼핏 보면 전혀 다른 분야처럼 보입니다. 하나는 데이터를 분석하고 판단하는 기술이고, 다른 하나는 대기와 지구 시스템을 다루는 과학이지요. 그런데 요즘 들어 이 두 분야가 자주 함께 언급되고 있습니다. 기후 위기를 해결하기 위한 새로운 해법 중 하나로 인공지능이 주목받고 있기 때문입니다.

기후 문제는 복잡합니다. 원인도 다양하고, 영향도 여러 층위에 걸쳐 나타납니다. 게다가 그 영향은 예측하기 어렵고, 시간과 장소에 따라 크게 다릅니다. 바로 이런 '복잡하고 예측이 어려운' 문제를 다루는 데 강점을 가진 것이 인공지능입니다. 인공지능은 방대한 데이터를 빠르게 처리하고, 그 속에서 숨은 패턴을 찾아내는 데 능숙하지요. 그래서 최근에는 기후 과학, 재생 에너지, 도시 설계, 농업, 기후 금융 등 여러 분야에서 AI 기술이 활용되고 있습니다.

가장 먼저 떠오르는 AI 활용 예는 기상예보입니다. 과거에는 슈퍼컴퓨터를 이용해 수치 모델을 돌렸지만, 지금은 AI가 과거의 위성 영상과 실제 날씨 데이터를 학습해 예보 정확도를 높이고 있습니다. 구글 딥마인드와 영국 기상청이 공동 개발한 '그래프캐스트GraphCast'는 6시간 단위로 전 지구의 기상 예측을 하고, 기존 모델보다 더 빠르고 정교하게 강수와 바람을 예보할 수 있다고 평가받습니다. 실제로 그래프캐스트는 2023년 허리케인 리의 진로를 기존 유럽 중기 예보 모델보다 약 3일 더 빨리, 또 정확히 예측한 바 있으며, 이는 AI 예보 모델이 극한 기상 현상 예측에서도 상당한 경쟁력을 갖추고 있음을 보여주는 사례로 평가받습니다.

AI는 에너지 관리를 돕기도 합니다. 태양광이나 풍력은 날씨에 따라 출력이 달라지기 때문에, 실시간 수요 예측과 저장·배분이 중요합니다. AI는 날씨, 수요, 설비 상태, 가격 정보 등을 통합 분석해 에너지 효율을 극대화할 수 있게 도와줍니다. 미국 캘리포니아주는 AI 기반 전력 수요 예측 시스템을 활용해 정전 위험을 줄이고 있고, 독일과 덴마크에서는 풍력 출력 예측에 AI를 접목해 전력 거래의 정확도를 높였습니다.

농업 분야에서도 AI의 활용이 늘고 있습니다. 기후 변화로 가뭄과 병충해 위험이 커지면서, 드론과 AI 영상 분석을 활용한 정밀농업이 확산되고 있습니다. 특정 지역의 작황 상태나 병해 발생을 실시간으로 모니터링해 농약과 물을 꼭 필요한 만큼만 쓰도록 조절할 수 있는 시스템이지요. 아프리카 동부에서는 AI 기반 예보를 통해 수확 시기를 결정한 덕에 수익이 20% 증가했다는 보고도 있습니다.

도시 설계에서도 AI는 대기 순환, 일사량, 열섬 효과 등을 종합 분석해 바람길을 만들거나, 지붕 색깔이나 건물 배치에 따른 온도 차이를 예측하는 데 쓰이고 있습니다. 예를 들어 서울시는 2024년부터 AI를 활용한 침수 예측 시스템을 도입해 하수관 범람 가능성을 사전에 파악하고 대응하고 있습니다.

기후금융과 ESG 평가에서도 AI는 빠르게 확산 중입니다. 기업의 탄소 배출, 기후 리스크, 공급망 정보를 모니터링하고 평가하는 데 AI 분석이 쓰이지요. MSCI, 블룸버그, 모건스탠리 등 글로벌 금융사는 ESG 보고서와 뉴스, 위성 데이터까지 수집해 기업의 지속 가능성을 점검하고, 이를 투자 판단에 활용하고 있습니다.

초록빛 AI의 뒷면을 들여다보다

하지만 긍정적인 면만 있는 것은 아닙니다. AI 자체가 전기를 많이 소비하기 때문입니다. 특히 생성형 AI는 수많은 연산을 반복해야 해서 서버 냉각 및 연산 자원에 들어가는 에너지가 상당하지요. 한 논문에서는 챗GPT 같은 대규모 언어모델을 학습시키는 데만 128만 킬로와트시[kWh], 즉 미국 가정 120가구가 1년 동안 쓰는 전력량에 맞먹는 에너지가 필요하다고 분석했습니다.

이 모델을 수시로 업데이트하거나, 이 모델의 사용자 수가 늘어날수록 요구되는 연산량은 기하급수적으로 증가하게 됩니다. 이미 2024년 현재, 글로벌 AI 산업의 연간 전력 소비가 아르헨티나 전체 국가 전력 사용량에 육박한다는 분석도 있습니다. AI가 늘수록 데이터센터도 늘고, 그만큼 에너지도 많이 필요해집니다.

문제는 단순한 전력 소비를 넘어서, 그 전력을 무엇으로 만드는가에 달려 있습니다. 데이터센터가 석탄이나 천연가스 등 화석 연료를 기반으로 생산되는 전기를 쓴다면, 기후 위기를 해결하겠다는 기술이 오히려 탄소 배출을 가속할 수 있다는 모순이 생깁니다. 일부 기업은 이를 피하고자 북유럽이나 캐나다 등 재생 에너지 비중이 높은 지역에 AI 서버를 배치하고 있지만, 전체 글로벌 수요를 감당하기엔 역부족이라는 평가도 나옵니다. 최근엔 사우디아라비아, 칠레, 몽골 등 전력 비용이 저렴하고 토지가 넓은 국가에 초대형 데이터센터가 집중되면서, 물과 전력 사용량을 둘러싼 지역 갈등도 잦아지고 있습니다.

또 다른 우려는 '기후 식민주의climate colonialism'입니다. 이 말은 비교적 최근에 등장했지만, 그 뿌리는 오래된 구조 속에 있습니다. 산업화 이후 세계는 탄소를 많이 배출해 온 선진국과, 그렇지 못했던 개발도상국으로 나뉘었습니다. 선진국은 오랫동안 자국의 성장과 번영을 위해 대기와 숲, 강과 같은 지구의 공공 자원을 자유롭게 사용해 왔지요. 반면 개발도상국은 기후 위기의 피해를 고스란히 감당해야 하는 상황에 놓였습니다. 그러다 보니 '기후를 구하겠다'는 명분으로 선진국이 개발도상국에 탄소흡수 프로젝트, CCUS 설비, 재생 에너지 인프라 등을 일방적으로 도입하는 일이 많아졌지요. 그리고 이 과정에서 해당 지역의 자율성과 생계가 무시되는 경우가 생겨났습니다.

전 세계적인 AI 수요를 맞추기 위해 탄소 중립 프로젝트나 CCUS 설비가 개발도상국에 집중되는 경우, 기술과 자본을 가진 국가가 이익을 취하고 그 피해는 에너지 자원이 부족한 국가가 떠안게 되는 불균형한 구조가 생길 수 있습니다. 예를 들어 미국, 유럽 기업이 자국의 탄소 배출을 상쇄하기 위해 아프리카나 동남아시아의 삼림에 탄소흡수 프로젝트를 시행하면서, 그 땅을 경작하던 주민들의 생계가 위협받는 사례가 늘고 있습니다. 인도네시아 수마트라 섬에서는 팜유 농장 주변 산림을 대상으로 한 REDD+ 프로그램이 시행되면서, 해당 지역 원주민들이 전통적인 사냥과 채집권을 박탈당하고 있다는 비판도 제기됐습니다. 기후 위기 대응에서조차 새로운 형태의 불평등이 생길 수 있는 것이지요.

이와 유사하게, AI 모델 학습에 필요한 데이터 처리와 전력 사용이 저렴한 국가로 외주화될 경우, 해당 지역에선 고용보다 에너지와 자원 고갈이라는 단점이 더 부각될 수도 있습니다. 이미 물 부족 지역에서 서버 냉각을 위한 대량의 물 사용이 논란이 되며, 지역 공동체와의 마찰도 발생하고 있습니다.

2023년 네덜란드 북부에서는 마이크로소프트의 초대형 데이터센터가 연간 수천만 리터의 생활용수를 사용한다는 사실이 알려지자, 농민과 지역 주민들이 농지 보전, 수자원 이용, 환경 허가 등에 대한 문제를 제기하며 반발했습니다.

이처럼 기후 위기 해결을 위한 기술적 접근이 또 다른 환경 갈등과 지역 불평등을 만들어 내는 상황은, 단순한 논리를 넘어 윤리적 고민이 필요하다는 사실을 보여줍니다. 특히 AI가 기후 관련 정책을 설계하거나 리스크를 판단하는 데 활용될 경우, 그 알고리즘이 어떤 기준과 데이터를 바탕으로 했는지가 투명하지 않다면 결과에 대한 신뢰가 떨어질 수 있습니다. 공공 정책에 쓰이는 AI라면 특히 더 그렇지요. 예컨대 보험료 책정이나 재난 지원 같은 민감한 영역에서 AI가 편향된 판단을 내릴 경우, 실제 피해는 고스란히 사람들에게 돌아가게 됩니다. 재해 발생 가능성이 높은 지역에 사는 저소득층에게 보험료를 일방적으로 높게 책정하거나, 기후 적응 투자를 받을 가능성이 낮다고 평가해 우선순위에서 배제하는 식의 결정은 사회적 반발과 제도 불신을 키울 수 있습니다.

실제로 2022년 미국 플로리다주에서는 AI 기반 위험 평가 모델을 기반으로 한 보험사의 결정이 논란을 빚었습니다. 태풍 위험 지역 주민들의 보험료가 갑작스럽게 인상되자, 일부 저소득 가구는 보험 가입을 포기했고, 이후 실제로 재해가 발생하자 피해 복구가 더 어려워졌다는 보고가 이어졌습니다. 이처럼 기후 위기를 다루는 AI일수록 그 기준과 알고리즘, 데이터의 편향 가능성을 끊임없이 검토하고 공공의 신뢰를 확보해야 할 필요가 있습니다.

이런 점에서 '기후 대응을 위한 AI'가 되기 위해선 'AI를 위한 기후 대응'도 함께 고려돼야 합니다. 데이터센터에 화석 연료 에너지가 아닌 재생 에너지를 우선적으로 공급하고, 알고리즘의 전력 효율성을 높이며, 기후 문제에 특화된 공공 데이터셋을 개방하고 공유하는 등의 정책이 필요합니다. 구글은 자사 AI 서버의 90% 이상을 탄소 중립 전력으로 운영하겠다는 계획을 발표했고, 마이크로소프트도 2030년까지 '탄소 네거티브' 기업이 되겠다고 선언했습니다. 일부 국가에서는 AI 개발 기업에 탄소정보 공개를 의무화하거나, 친환경 설계 기준을 도입하는 방안을 검토하고 있습니다. 캐나다는 2024년부터 대규모 연산 서버를 운영하는 기업에 대해 재생 에너지 사용 비율 공개를 요구하는 규정을 신설했고, 프랑스는 데이터센터 운영에 필요한 냉각수의 재활용률까지 법적으로 규정하고 있습니다.

결국 인공지능은 도구입니다. 그것이 기후 위기를 악화시킬지, 기후 위기의 해소에 도움이 될지는 우리가 인공지능을 어떻게 설계하고 사용하는지에 달려 있습니다. 인공지능이 우리를 대신해 생각해 주는 것이 아니라, 우리가 어떤 기준과 목적을 가지고 AI를 훈련시키고 활용할지를 스스로 끊임없이 되물어야 합니다.

기후기술과
그린워싱

환경을 위한 기술들

탄소 포집 기술이나 인공지능을 활용한 기후 대응과 같이, 기후 위기의 시대에 우리는 기술에 큰 기대를 걸고 있습니다. 온실가스를 줄이고, 탄소를 포집하고, 에너지를 절약하는 새로운 기술이 매일같이 등장하고 있기 때문입니다. 어떤 기술은 우주에서 지구를 관측하고, 어떤 기술은 공기 중 이산화탄소를 흡수하여 저장하기도 합니다. 과연 이 모든 기술은 인류의 구세주가 될 수 있을까요? 아니면, 기술을 앞세운 또 다른 '그린워싱'의 얼굴일 수도 있을까요?

기후기술은 기후 변화 완화와 적응을 목표로 한 다양한 과학 기술을 말합니다. 대표적으로는 재생 에너지태양광, 풍력, 수소, 탄소 포집·활용·저장CCUS, 대기 중 이산화탄소 제거 기술DAC, 스마트 그리드, 인공지능 기후 예측 모델, 그린 빌딩, 전기차 등이 있습니다. 세계은행은 2030년까지 기후기술 산업이 연간 1조 달러 규모로 성장할 수 있을 것으로 전망했습니다.

국제에너지기구IEA는 2050년까지 탄소 중립을 달성하기 위해 필요한 감축량 중 35%는 현재 존재하지 않거나 상용화되지 않은 기술에서 나와야 한다고 분석했습니다. 다시 말해, 지금 우리가 가진 기술만으로는 목표를 달성할 수 없다는 뜻입니다. 그래서 기후기술은 이제 선택이 아니라 필수가 되었습니다.

기후기술의 종류는 크게 세 가지로 나눌 수 있습니다. 첫째는 '감축 기술'입니다. 이산화탄소를 덜 배출하거나 아예 배출하지 않도록 돕는 기술입니다. 태양광과 풍력 같은 재생 에너지가 대표적인 예입니다. 독일의 에너콘Enercon, 덴마크의 베스타스Vestas, 중국의 골드윈드Goldwind 같은 회사들이 풍력 터빈을 만듭니다. 수소 기술은 감축 기술의 핵심 중 하나입니다. 예를 들어 일본의 도요타Toyota는 2014년 세계 최초로 상용화된 수소 연료 전지차 미라이Mirai를, 한국의 현대자동차는 대표 수소차 넥쏘NEXO를 개발해 상용 운영 중입니다.

또한 미국의 테슬라Tesla는 주택용 배터리 파워월Powerwall과 산업용 대형 저장시스템 메가팩Megapack을 통해 태양광·풍력 등 재생에너지원과 결합한 에너지 저장 솔루션을 제공하며, 가정과 산업 현장의 에너지 효율성을 높이는 역할을 수행하고 있습니다.

둘째는 '적응 기술'입니다. 이미 진행 중인 기후 변화에 대응하기 위한 기술입니다. 기후 재난을 예측하는 인공지능, 도심의 열섬을 완화하는 쿨 루프cool roof, 해수면 상승에 대비한 방재 인프라 등이 이에 포함됩니다. 한국에서는 드론과 센서를 활용한 농업 방식인 스마트팜이 확산되고 있으며, 강원도와 전북 지역에서는 정밀농업이 활발하게 시도되고 있습니다. 해수 담수화 기술로 유명한 이스라엘 기업 IDE는 가뭄에 시달리는 지역에서 중요한 역할을 하고 있습니다.

셋째는 '제거 기술'입니다. 이미 대기 중에 배출된 온실가스를 다시 흡수하거나 없애는 기술입니다. 탄소 포집·저장CCS, 직접공기포집DAC, 바이오에너지탄소 포집·저장BECCS 등이 여기에 해당합니다. 노르웨이의 에퀴노르Equinor는 북해 해저에 이산화탄소를 저장하는 프로젝트를 진행 중이고, 스위스의 클라임웍스Climeworks는 아이슬란드에서 DAC 시설을 가동하며 대기 중 이산화탄소를 암석과 반응시켜 영구 저장하고 있습니다. 하지만 CCS는 톤당 60~100달러, DAC는

600달러 이상의 비용이 들어 아직은 경제성이 낮습니다.

기후 변화는 막는 것만으로 끝나지 않습니다. 이미 벌어진 변화에 대비해 피해를 줄이는 '적응'도 중요하지요. 기후 예측 기술은 이런 적응의 핵심으로, 기후 예측 관련 기술도 빠르게 발전하고 있습니다. 미국 NASA와 유럽우주국ESA은 위성으로 지구 대기의 탄소 농도를 실시간 감시하고, 이를 인공지능이 분석해 산불, 폭염, 홍수 등 이상 기후를 조기 예측합니다. 한국 기상청과 국립기상과학원도 자체 AI 기반 기후모델을 개발 중입니다. 다만 이런 기술이 실제 정책과 연결되지 않으면 그 효과는 제한적일 수밖에 없습니다.

한편, 재생 에너지 기술은 눈부신 발전을 보여주고 있습니다. 국제 재생 에너지기구IRENA에 따르면, 2010년부터 2022년까지 태양광 발전의 단가는 89%, 풍력은 69% 하락했습니다. 즉, 이제는 석탄보다도 저렴하게 전력을 생산할 수 있는 단계에 이르렀습니다.

그러나 이런 기술들도 그린워싱 논란에서 자유롭지는 않습니다. 태양광 패널 생산 과정에서 나오는 유해 물질, 폐패널 처리 문제 등은 여전히 해결해야 할 과제로 남아 있습니다.

환경을 위한 기술이라는 착각

앞서 보았듯 기후기술은 '그린워싱' 논란에 휘말리기도 합니다. '그린워싱Greenwashing'이란 친환경을 가장한 마케팅 또는 허위 정보 제공을 뜻합니다. 기업이나 정부가 실제로는 환경을 해치거나 환경 문제 해결에 미온적인 정책만 내놓으면서, 마치 환경 보호에 앞장서는 것처럼 보이도록 하는 전략입니다. 예를 들어, 탄소 배출이 많은 화석 연료 기업이 몇몇 재생 에너지 사업에 투자하면서 이를 '친환경 경영'이라고 홍보하는 경우가 그렇습니다. 이런 행위는 소비자와 시민의 신뢰를 해치고, 진정한 변화를 막습니다.

ESGEnvironment, Social, Governance 경영을 내세우는 기업 중에서도 실질적인 탄소 감축보다는 이미지 개선에 초점을 맞추는 곳이 많습니다. 한국소비자원이 2023년 발표한 자료에 따르면, 국내 대기업의 친환경 광고 중 34%는 구체적 근거나 인증 없이 이루어졌다고 합니다. 환경부도 "환경성 표시 광고의 위반 건수가 최근 5년 새 2배 이상 증가했다"고 밝혔습니다.

국제사회는 그린워싱을 막기 위한 제도적 장치를 마련 중입니다. 유럽연합EU은 2024년부터 기업의 ESG 정보 공시에 엄격한 기준을 적용합니다. 기업은 탄소 배출량뿐만 아니라 공급망 전체의 환경 영향을 공개해야 하며, 허위 정보에 대해서는 벌금을 부과할 수 있습니다. 미국 증권거래위원회SEC도 유사한 규제를 도입할 예정입니다.

기술은 분명히 필요합니다. 하지만 기술이 전부는 아닙니다. 어떤 기술이든, 그것을 '어떻게' 쓰느냐가 가장 중요합니다. CCUS든, 태양광이든, ESG든, 진정한 목표는 '탄소를 줄이는 것'이어야 합니다. 기술은 수단이지, 목적이 아니기 때문입니다. 우리는 이제 기술을 믿는 동시에 지켜보고 질문해야 합니다. 이 기술이 정말 효과가 있는지, 환경에 해를 끼치지는 않는지, 사회적 약자에게 부담을 전가하지는 않는지 그리고, 이 기술이 정말 필요한지 계속 자문해야 합니다.

기후 위기는 복잡한 문제이기 때문에, 단 하나의 기술로 해결할 수 없습니다. 다양한 기술이 함께 쓰이고, 그것이 개선된 제도와 교육, 사회 구조와 어우러질 때 비로소 변화가 일어납니다. 기술 낙관주의에만 의존해서는 안 됩니다. 기술과 행동, 기술과 윤리, 기술과 공동체가 함께 가야 합니다.

여러분도 앞으로 뉴스나 광고에서 '기후기술'이라는 말을 들었을 때, 잠시 멈추고 생각해보면 좋겠습니다. 이것이 정말로 문제를 해결할 수 있는 기술인지, 아니면 문제를 덮으려는 포장지는 아닌지 말이에요. 기후기술은 우리를 구할 수도 있지만, 잘못 쓰이면 또 다른 위험이 될 수도 있습니다. 그래서 더 정확히 알고, 현명하게 선택해야 합니다. 그것이 기술을 믿는 우리가 가져야 할 책임감 있는 태도입니다.

탄소 포집 기술의
모든 것

CCUS에 대한 오해와 진실

기후기술을 이야기할 때 'CCUS'라는 용어가 나왔던 것을 기억하시나요? 이는 최근 뉴스나 기후 관련 정책 발표에서 자주 등장하는 용어 중 하나입니다. CCUS는 'Carbon Capture, Utilization and Storage'의 줄임말로, 말 그대로 '이산화탄소를 포집하고, 활용하고, 저장한다'는 의미입니다. 많은 기업과 정부들이 이 기술을 기후 위기 해법으로 제시하고 있어요. 그런데 이 기술은 정말로 기후 위기를 해결할 수 있을까요? 아니면 '탄소를 가두는 척'하면서 오히려 화석 연료 사용을 정당화하는 수단으로 쓰이고 있는 것일까요? 이번 장에서는 CCUS 기술의 현재와 미래, 그리고 그 안에 숨겨진 진실과 과장된 정보에 대해 소개하고자 합니다.

CCUS는 어떻게 작동할까요? 이산화탄소를 포집하는 기술은 주로 두 가지 방식으로 나뉩니다. 하나는 발전소나 공장 굴뚝에서 나오는 배출가스를 대상으로 하는 방식이고, 다른 하나는 대기 중에 희박하게 퍼져 있는 이산화탄소를 직접 포집하는 방식DAC, Direct Air Capture입니다. 포집된 이산화탄소는 지하 1km 이상 깊이에 있는 고갈된 유전이나 가스전에 주입되거나, 염수층 같은 안정적인 지질 구조에 저장됩니다. 일부는 건축 자재나 화학제품 원료로 활용되기도 해요. 말하자면, 공기 중의 탄소를 다시 땅속이나 다른 물질 안으로 '되돌려 보내는' 작업인 셈입니다.

기술 설명만 보면 아주 이상적이고 효과적인 기후 대응 방식처럼 보일 수 있어요. 실제로 많은 정부와 에너지 기업들이 이 기술을 탄소 중립 실현의 핵심 도구로 삼고 있습니다. 국제에너지기구IEA는 2050년까지 넷 제로net-zero를 달성하려면 CCUS 기술을 통해 전 세계 탄소 감축량의 약 15%를 확보해야 한다고 밝히고 있습니다. 세계은행도 CCUS를 "기후기술 분야에서 가장 중요한 핵심 기술 중 하나"

라고 표현했어요. 한국 정부도 2030년까지 국가 온실가스 감축 목표 NDC의 일부를 CCUS로 충당할 계획입니다.

하지만 문제는 이 기술이 아직 '희망적 미래형'에 머물러 있다는 점입니다. 현재 전 세계에서 가동 중인 대규모 CCUS 설비는 약 40곳 정도에 불과하며, 이들 전체가 연간 포집하는 이산화탄소 양은 4천만 톤 수준입니다. 전 세계 이산화탄소 배출량이 약 360억 톤(2022년 기준)에 달한다는 점을 고려하면, 1%도 되지 않는 아주 미미한 수치입니다. 즉, 지금까지는 상업화 초기 단계에 머물러 있고, 감축 효과도 제한적이라는 뜻입니다.

그렇다면 왜 이렇게 느릴까요? 가장 큰 이유는 경제성입니다. 이산화탄소 1톤을 포집하고 압축하고 운송해 지하에 저장하는 데 드는 비용은 약 60~100달러 선입니다. DAC의 경우는 톤당 500~1000달러까지도 올라가지요. 여기에 저장할 수 있는 안정적 지질 구조를 찾는 작업, 장기간 누출 방지를 위한 관리 비용 등을 포함하면 총 비용은 훨씬 커집니다. 결국 화석 연료 기반 산업에서는 CCUS 도입이 비용 부담으로 이어지기 때문에 정부 보조금 없이는 도입을 꺼리는 실정입니다.

두 번째 문제는 '탄소를 안전하게 보관할 수 있는가?'입니다. 2021년 미국 일리노이주의 일대에서 CO_2 저장 시설이 누출돼 인근 마을 주민들이 피해를 호소한 적 있습니다. 2022년에도 추가 누출이 있었는데, 정부 당국은 2018~2022년 사이 총 약 1,394톤의 CO_2가 비의도적으로 배출된 것으로 보고 있습니다. 고압으로 지하에 주입된 CO_2가 누출될 경우, 공기보다 무겁기 때문에 날아가지 않고 지표면에 가라앉아 이처럼 위험한 상황을 초래할 수 있습니다. 또한 누출된 이산화탄소로 인한 지하수 오염, 지진 유발 가능성 등도 지적되고 있습니다. 아직까지는 사고가 드물긴 하지만, 장기간 안정성을 입증하기 위해서는 수십 년 이상의 모니터링과 관리가 필요합니다.

세 번째로 중요한 쟁점은 바로 CCUS가 '화석 연료의 생존 전략'으로 악용되고 있다는 점입니다. 석유 기업들은 CCUS를 통해 기존의 석탄·석유·가스 산업을 연명시키려는 전략을 취하고 있습니다. 실제로 CCUS로 포집한 이산화탄소 중 약 70%는 'EOR^{Enhanced Oil Recovery}', 즉 이산화탄소를 지하에 주입해 석유를 더 많이 뽑아내는 용도로 쓰이고 있습니다. 결과적으로 탄소 포집 기술이 온실가스를 줄이기보다는 오히려 화석 연료를 더 오래 쓰게 만드는 구조가 되는 셈입니다. 국제 환경단체인 기후행동네트워크^{CAN}는 CCUS가 오히려 탄소 중립 목표를 지연시키는 "위험한 유혹"이라고 경고하기도 했습니다.

또한 CCUS가 탄소 중립 정책의 중심이 될 경우, 정부나 기업이 재생 에너지 확대나 에너지 절약 같은 근본적인 구조 전환을 소홀히 할 수 있다는 우려도 큽니다. 배출된 탄소는 "기술을 써서 포집하면 된다"는 안일한 접근은 기후 위기의 원인을 해결하는 데 오히려 방해가 될 수 있습니다. 실제로 유럽의 여러 연구 기관은 "감축보다 포집에 의존할 경우, 총 비용이 오히려 더 늘어날 수 있다"고 분석했습니다.

CCUS, 어떻게 활용할 것인가

그렇다면 CCUS는 무용지물일까요? 꼭 그렇지는 않습니다. 산업 공정에서 배출이 불가피한 부분, 예를 들어 시멘트나 철강 산업 같은 경우에는 CCUS가 매우 유용할 수 있습니다. 이런 산업은 에너지 효율만으로는 탄소 배출을 획기적으로 줄이기 어렵기 때문에, 이산화탄소의 포집과 저장이 반드시 필요한 산업입니다. 또한 해양 기반 CCUS나 광물 탄산화Mineralization 같은 새로운 저장 방식도 실험되고 있어요. 과학은 계속 진화하고 있고, 기술의 가능성은 여전히 열려 있습니다.

중요한 것은 이 기술을 어떻게 사용할지에 대한 사회적 논의입니다. CCUS를 전제로 한 탄소 배출권 거래, 보조금 지급, 규제 완화 등이 실제로 온실가스 감축으로 이어지는지를 꼼꼼히 따져봐야 합니다. 기술만 믿고 맡겨서는 안 됩니다. 환경 문제와 관련된 주체인 시민 사회, 과학계, 정책 당국이 함께 기준을 만들고 투명하게 관리해야 합니다.

한국 정부는 2030년까지 연간 1,000만 톤 규모의 이산화탄소를 포집할 수 있는 CCUS 프로젝트를 추진하고 있습니다. 여기에 약 4조 원의 예산이 투입될 계획입니다. 또한 울산 앞바다에는 세계 최대 규모의 CCS 저장소를 개발하고 있으며, 포스코, 현대제철, SK이노베이션 등 주요 산업체도 각자 실증 사업을 진행 중입니다. 하지만 이 사업들이 단순히 예산을 투입하는 데 그치지 않고, 실제로 감축 목표를 달성하는지를 철저히 검증해야 합니다. 특히, 저장량과 누출 여부를 모니터링할 수 있는 데이터 공개가 매우 중요합니다.

결국 CCUS는 기후기술의 양날의 검입니다. 올바르게 쓰이면 일부 산업에서 유용한 감축 수단이 될 수 있습니다. 하지만 남용되거나 왜곡되면 '기후 위기가 해결되었다는 착각'을 만들 수도 있습니다. CCUS는 기후 해결의 주인공이 아니라 조연입니다. 에너지 전환, 소비 패턴 변화, 녹지 확충, 교통 혁신 등의 다양한 해법 중 하나일 뿐입니다. CCUS에만 의존한다면, 우리는 미래를 과도하게 기술에 맡기고 행동을 미루는 실수를 반복할 수 있습니다.

우리는 지금 CCUS의 진정한 역할을 냉정하게 정의해야 할 시점에
와 있습니다. 이 기술이 어떤 방향으로 발전할지, 어떤 목적을 위해
쓰일지를 사회 전체가 함께 감시하고 설계해야 합니다. 그래야만 이
기술이 그린워싱이 아니라, 효과적인 기후 해결책이 될 수 있습니다.

CCUS로 여는
한국의 미래

세계의 CCUS 장려 정책

해외 주요국은 각기 다른 전략으로 CCUS$^{Carbon\ Capture,\ Utilization}$ $^{and\ Storage}$ 기술을 추진하고 있습니다. 미국은 세계에서 가장 활발하게 CCUS를 적용하고 있는 국가 중 하나로, '45Q 세액공제' 제도를 통해 이산화탄소를 포집하거나 저장하는 기업에 톤당 최대 85달러(지하 저장 시 기준), EOR 적용 시 최대 60달러의 세액을 공제해 줍니다. 이러한 제도는 민간 투자를 유도하지요. 대표적인 사례로는 '페트라 노바', '일리노이 인더스트리얼 CCS' 프로젝트 등이 있습니다.

노르웨이는 정부가 직접 CCUS 인프라 구축에 참여하고 있습니다. '롱쉽Longship' 프로젝트는 정부와 민간이 협력하여 포집, 운송, 저장까지 전 과정을 통합한 국가 주도형 CCUS 프로젝트이며, 그 핵심인 '노던 라이트Northern Lights'는 북해 해저에 이산화탄소를 저장하는 해양 저장소로 유럽 내 타국에서도 이산화탄소를 운송해 저장할 수 있도록 설계되어 국제 협력의 모델로 평가받고 있습니다.

캐나다는 '바운더리 댐Boundary Dam', '퀘스트Quest' 등의 상업화된 CCUS 설비를 안정적으로 운영 중입니다. 특히 쉘Shell이 운영하는 '퀘스트' 프로젝트는 연간 100만 톤 이상 이산화탄소를 포집해 지하에 저장하며, 연방 정부는 장기적인 세제 혜택을 통해 관련 산업을 지원하고 있습니다.

일본은 '그린 이노베이션 펀드Green Innovation Fund'를 통해 CCUS 기술 개발을 지원하며, 2030년까지 연간 1,000만 톤 저장 능력을 목표로 하고 있습니다. 일본에너지·금속자원광물기구JOGMEC는 동남아 국가들과의 협력을 통해 '아시아 탄소관리 허브' 구축을 추진하고 있으며, 해외 이산화탄소까지 저장할 수 있는 광역 기반 구축을 계획하고 있습니다. 일본은 국내 저장 가능 부지가 제한적이라는 점에서 해외와의 협력을 더욱 중시하는 전략을 취하고 있습니다.

아이슬란드는 세계에서 가장 빠르게 DAC^{Direct Air Capture} 기술을 실증하고 있는 국가 중 하나입니다. '클라임웍스Climeworks'와 아이슬란드 국영 지열 기업 카브픽스CarbFix가 함께 추진하는 '오르카Orca' 프로젝트는 대기 중 이산화탄소를 직접 흡수해 현지의 화산암층에 주입하고, 이산화탄소를 광물화시켜 영구적으로 저장합니다. 이 기술은 탄소를 장기적으로 안정화시키는 방식으로 높은 주목을 받고 있으며, 소규모이지만 탄소 제거CDR의 미래 가능성을 보여주는 선도 사례로 꼽힙니다.

저는 지난 2024년에 아이슬란드 현지에서 클라임웍스의 CCS 시설에 직접 취재를 가기도 했습니다. 암반에 이산화탄소를 집어넣는 시설 근처로 가까이 가자, 탄산음료를 개봉할 때 '토독토독' 하고 나는 공기 방울 터지는 소리가 계속 들리는 게 신기했습니다. 기술 자체도 대단했지만 CCS 분야 세계 최고 기술을 가졌다는 클라임웍스 측의 당당한 태도가 부럽기도 했던 기억이 납니다.

중국 역시 세계 최대 탄소 배출국으로서 CCUS 기술 개발에 국가적 역량을 집중하고 있습니다. 중국 정부는 2060년 탄소 중립 목표를 발표한 이후, 대형 석탄 화력 발전소 및 석유화학 단지를 중심으로 다수의 CCUS 실증 프로젝트를 운영하고 있습니다. 대표적으로 시노펙Sinopec은 내몽고 지역에서 연간 100만 톤 규모의 CCUS 설비를 운영 중이며, 저장소 확충과 기술 국산화를 목표로 하고 있습니다. 중국은 또한 국가 탄소 시장과 연계한 감축 인센티브 체계를 통해 민간 기업 참여를 확대하고자 합니다.

호주의 경우 지질학적 저장 잠재력이 큰 국가로 평가받고 있으며, 석유 및 가스 산업 중심의 CCUS 활용이 활발합니다. 대표적인 사례는 'Gorgon CCS' 프로젝트로, 이는 세계 최대 상업용 지하 저장소 중 하나이며 연간 400만 톤 이상의 이산화탄소를 저장할 수 있습니다. 호주 정부는 재생 에너지 확대와 에너지 효율 향상, 탄소제거 기술 등을 포괄하는 '기후 솔루션 패키지'를 통해 CCUS를 추진하고 있습니다, 호주는 2030년까지 2억 호주달러 이상의 예산을 투입해 인프라와 기술 연구를 지원할 계획입니다. 또한 인도네시아 등 인접국과의 탄소 저장 협력도 모색하고 있어 아시아-태평양 지역 내 탄소 이동 허브 역할을 기대하고 있습니다.

한국에 맞는 CCUS 활용법

한국 정부는 '2030 국가 온실가스 감축목표[NDC]' 달성을 위한 수단 중 하나로 CCUS를 설정하고 있습니다. 탄소중립기본법(2022년 시행)

에서는 CCUS 실증 사업에 대한 국가 지원 근거가 마련되어 있으며, 환경부와 산업통상자원부는 '이산화탄소 포집·저장 촉진 및 안전관리에 관한 법률' 제정을 준비하고 있습니다. 이 법은 이산화탄소 저장 부지 승인 절차, 장기 모니터링, 사업자 책임 범위, 안전성 검증 체계 등을 포함할 예정입니다.

한국은 울산 동해가스전 CCS 실증사업을 중심으로 최대 4억 톤의 탄소를 저장하는 것을 목표로 하고 있으며, 이산화탄소 광물화 저장 기술 개발과 통합 CCUS 기술 개발 사업도 병행하고 있습니다. 정부는 2030년까지 연간 1,000만 톤 규모의 포집을 목표로 약 4조 원의 예산을 투입하고 있으며, 포스코, 현대제철, SK이노베이션 등 민간 대기업도 실증 사업에 참여하고 있습니다.

다만 한국은 여전히 저장 부지의 확보, 지역 주민 수용성, 사업 신뢰성 확보라는 과제를 안고 있습니다. 저장소 입지에 대한 안전성과 사회적 합의를 충분히 마련하지 못하면 CCUS 사업은 지속 가능성을 확보하기 어렵습니다. 또한 국제적인 CCUS 인증 및 감축 인벤토리 체계와의 연계도 필요한 시점입니다. 탄소의 국경 간 이동과 저장이 가능한 제도적 기반을 마련하기 위해 UNFCCC, IEA, 아세안 등과의 적극적인 기술·규제 협력이 필요합니다.

우리나라가 마주한 문제의 해결책에 대한 힌트를 얻기 위해서는 비슷한 과제를 안고 있는 일본의 사례를 살펴보는 것도 좋을 듯합니다. 일본은 국내 저장 한계를 극복하기 위해 동남아시아와 탄소 저장 협력을 추진하고 있으며, 노르웨이는 북해 해저를 활용한 국제 탄소 저장소를 구축해 타국의 이산화탄소도 받아들이고 있습니다. 호주 역시 인접국과의 협력을 통해 탄소 이동 허브 역할을 모색하고 있습니다. 일본과 중국에 둘러싸인 우리나라의 경우, 여건은 녹록치 않지만 국내 부지 한계와 지역 갈등을 넘어서기 위해 국제 공동 저장소나 역내 협력 방안을 검토할 필요가 있어 보입니다.

앞에서 살펴본 여러 해외 국가의 사례처럼 강력한 정책 리더십과 과학적 신뢰 기반이 함께할 때, 탄소 포집 기술은 기후 위기 대응의 실질적 수단으로 발전할 수 있습니다. 기술 그 자체보다 중요한 것은 그것을 둘러싼 사회적 조건과 정치적 의지라는 점을 한국도 분명히 인식해야 할 때입니다.

—— 맺음말 ——

내일이 아닌
오늘의 마음으로

제가 기후 변화나 환경 문제에 관심을 가지게 된 것은, 사실 소중한 사람이 걱정되는 마음, 그리고 그 사람이 살아가는 세상이 더 나빠지지 않기를 바라는 마음 때문입니다. 저에게는 가족이라는 바탕이 있습니다.

부모 눈엔 아직 어릴 아들은 불혹不惑이 돼 어른인 척하면서도 종심從心, 70세을 바라보는 어머니 걱정을 합니다. 제가 기후에 관심을 갖게 하는 마음이란 그런 겁니다. 여름이면 어머니가 외출할 때 양산을 잘 챙기셨을까, 열을 빠르게 흡수하는 탓에 금방 뜨거워지는 검은색 옷을 입고 무더운 길을 걷는 건 아닐까 걱정하게 되는 마음 말입니다. 때로는 날씨 예보를 보지 않고 힘들게 언덕길을 걸어가시진 않을까, 이 더위에 괜찮으실까 싶어 전화를 걸기도 하지요.

이런 걱정이 현실이 된 적도 있었습니다. 어릴 적 외할머니 댁은 남해 바다와 하천연등천이 연결된 시장 옆이었습니다. 하지만 비가 심하게 와도, 밀물이 몰려와 바닷물이 차올라도 그 집이 잠길 거라고는 상상해 본 적이 없었습니다. 그랬던 집 근처는 지역 간 에너지 불균형 등으로 강해진 태풍 마이삭, 오마이스, 산바가 들이닥치며 속절없이 침수된 바 있지요. 지금 외할머니는 아파트로 이사하셨습니다. 그래서 홍수에 집이 잠길 걱정은 하지 않지만, 이제는 더운 여름에도 에어컨 전기 요금이 걱정돼서 혼자 더위를 참고 계시지는 않을까, 그게 또 다른 걱정이 되었습니다.

세상이 바뀌고 있습니다. 온도가 기형적으로 오르고, 비가 더 세게 내리고, 겨울이 짧아진 것이지요. 누가 잘못해서라기보다 인류 모두가 만들어 온 변화입니다. 그리고 그 변화로 인한 불편과 고통을 이미 우리의 사랑하는 사람들이 고스란히 받고 있습니다. 제가 기후 문제에 천착하게 된 건 이런 개인적인 이유에서 시작된 것일 겁니다, 거창하게 '지구를 지킨다'는 마음보다도, 그저 우리 어머니가, 할머니가, 그리고 언젠가 태어날 내 아이가 살아갈 세상이 지금보다 더 나빠지지 않았으면 좋겠다는 마음입니다.

솔직히 말하면 기후 위기가 완전히 해결될 것이라고 생각하지는 않습니다. 이미 돌이킬 수 없도록 변해 버린 부분도 있습니다. 그런 것들은 되돌릴 수 없지요. 다만 우리가 기후 붕괴 끝에 찾아올 파멸의 시기를 얼마나 늦추느냐, 그 피해를 얼마나 최소화할 수 있는가. 그것이 지금 우리가 우리를 지키기 위해 할 수 있는 최선일 겁니다.

지금 이 순간에도 누군가는 더위에 쓰러지고, 물에 잠긴 집을 떠나고, 가뭄으로 고통받고 있습니다. 그 누군가가 내가 아는 사람이 아니라고 해서, 그들의 모습이 당장 내 눈앞에 보이지 않는다고 해서, 그 고통이 사라지는 것은 아닙니다.

아직도 기후 위기가 자신과 먼 얘기라고 생각하는 분이 있다면, 이 글이 그런 생각에 작은 균열을 만들기를 바랍니다. 기후 위기는 거대한 숫자와 통계만으로 표현할 수 있는 문제가 아닙니다. 누군가의 삶, 누군가의 일상, 누군가의 가족이 걸린 문제입니다. 멈추지만 않는다면 늦출 수 있습니다.

내일은 늦습니다. 더 늦기 전에, 오늘 시작해야 합니다.

변해버린 지구에서 어떻게 살아가야 하는가

기후 붕괴 대한민국

초판 1쇄 발행 2025년 9월 24일

지은이 황덕현
펴낸이 최현준

편집 강서윤, 홍지회
디자인 엘리펀트스위밍

펴낸곳 빌리버튼
출판등록 2022년 7월 27일 제 2016-000361호
주소 서울시 마포구 월드컵로10길 28, 201호
전화 02-338-9271
팩스 02-338-9272
메일 contents@billybutton.co.kr

ISBN 979-11-92999-94-4 (03300)

· 이 책은 저작권법에 따라 보호를 받는 저작물이므로 무단전재와 무단복제를 금합니다.
· 이 책의 내용을 사용하려면 반드시 저작권자와 빌리버튼의 서면 동의를 받아야 합니다.
· 책값은 뒤표지에 있습니다. 파본은 구입하신 서점에서 교환해 드립니다.
· 빌리버튼은 여러분의 소중한 이야기를 기다리고 있습니다.
  아이디어나 원고가 있으시면 언제든지 메일(contents@billybutton.co.kr)로 보내주세요.